Antony C. Sutton

# Wall Street y el ascenso de Hitler

# Antony C. Sutton
## (1925-2002)

Economista y ensayista estadounidense de origen británico, Stanford Fellow en la Hoover Institution de 1968 a 1973. Fue profesor de economía en la UCLA. Estudió en Londres, Gotinga y UCLA y se doctoró en Ciencias por la Universidad de Southampton (Inglaterra).

## *Wall Street y el ascenso de Hitler*

*Wall Street and the rise of Hitler*
Publicado por primera vez por New Rochelle, NY:
Arlington House - 1976

Traducido y publicado por Omnia Veritas Limited

www.omnia-veritas.com

© Omnia Veritas Ltd - 2025

Reservados todos los derechos. Queda prohibida la reproducción, distribución o transmisión total o parcial de esta publicación, en cualquier forma o por cualquier medio, incluidos el fotocopiado, la grabación u otros métodos electrónicos o mecánicos, sin la autorización previa por escrito del editor, salvo en el caso de citas breves incluidas en reseñas críticas y otros usos no comerciales permitidos por la legislación sobre derechos de autor.

SOBRE EL PROFESOR SUTTON ........................................................................ 11
PREFACIO ........................................................................................................ 15
INTRODUCCIÓN .............................................................................................. 17
   FACETAS INEXPLORADAS DEL NAZISMO ........................................................ 17
   Hjalmar Horace Greeley Schacht ......................................................... 23
CAPÍTULO I ..................................................................................................... 25
   WALL STREET ALLANA EL CAMINO A HITLER .................................................. 25
   1924: El Plan Dawes ............................................................................... 28
   1928: El Plan Joven ................................................................................. 31
   B.I.S. - El vértice del control .................................................................. 33
   La construcción de los cárteles alemanes ........................................... 35
CAPÍTULO II .................................................................................................... 41
   EL IMPERIO DE I.G. FARBEN ............................................................................ 41
   El poder económico de I. G. Farben .................................................... 43
   Pulir la imagen pública de I. G. Farben ............................................... 54
   La estadounidense I.G. Farben ............................................................. 58
CAPÍTULO III ................................................................................................... 63
   GENERAL ELECTRIC FONDOS HITLER ............................................................. 63
   General Electric en Weimar (Alemania) ............................................. 64
   General Electric y la financiación de Hitler ........................................ 71
   Cooperación técnica con Krupp ............................................................ 74
CAPÍTULO IV ................................................................................................... 82
   STANDARD OIL IMPULSA LA SEGUNDA GUERRA MUNDIAL ............................. 82
   Plomo etílico para la Wehrmacht ......................................................... 90
   Standard Oil of New Jersey y Synthetic Rubber ................................. 92
   La Deutsche-Amerikanische Petroleum A.G. (DAPAG) ................... 94
CAPÍTULO 5 .................................................................................................... 96
   LA I.T.T. TRABAJA EN AMBOS BANDOS DE LA GUERRA ................................... 96
   El Barón Kurt von Schroder y el I.T.T. ................................................. 98
   Westrick, Texaco e I.T.T. ...................................................................... 102
   I.T.T. en la Alemania de la guerra ...................................................... 104
CAPÍTULO VI ................................................................................................ 109
   HENRY FORD Y LOS NAZIS ........................................................................... 109

Henry Ford: el primer patrocinador extranjero de Hitler ............ 111
Henry Ford recibe una medalla nazi .............................................. 113
Ford Motor Company ayuda al esfuerzo bélico alemán ............... 115

## CAPÍTULO VII ...............................................................................120

¿QUIÉN FINANCIÓ A ADOLF HITLER? ............................................. 120
Algunos de los primeros partidarios de Hitler ............................ 120
Fritz Thyssen y W.A. Harriman Company de Nueva York ............ 125
Financiación de Hitler en las elecciones generales de marzo de 1933 ............................................................................... 131
Las contribuciones políticas de 1933 .......................................... 135

## CAPÍTULO VIII ..............................................................................141

PUTZI: AMIGO DE HITLER Y ROOSEVELT ........................................ 141
El papel de Putzi en el incendio del Reichstag ........................... 146
El New Deal de Roosevelt y el Nuevo Orden de Hitler ............... 149

## CAPÍTULO 9 ..................................................................................152

WALL STREET Y EL CÍRCULO ÍNTIMO NAZI ..................................... 152
El Círculo de Amigos de la S.S. .................................................... 155
I.G. Farben y el Círculo Keppler ................................................... 155
Wall Street en el Círculo S.S. ....................................................... 158

## CAPÍTULO X ..................................................................................164

EL MITO DE "SIDNEY WARBURG" ................................................... 164
¿Quién era "Sidney Warburg"? ..................................................... 165
Sinopsis del libro suprimido "Sidney Warburg ........................... 168
Declaración jurada de James Paul Warburg ................................ 175
Algunas conclusiones de la historia de Sidney Warburg ............ 181

## CAPÍTULO XI ................................................................................184

COLABORACIÓN ENTRE WALL STREET Y LOS NAZIS EN LA SEGUNDA GUERRA MUNDIAL ....................................................................... 184
I.G. estadounidense en la Segunda Guerra Mundial ................... 189
¿Fueron culpables de crímenes de guerra los industriales y financieros estadounidenses? ..................................................... 195

## CAPÍTULO XII ...............................................................................200

CONCLUSIONES ............................................................................. 200
La omnipresente influencia de los banqueros internacionales .... 204
¿Está Estados Unidos gobernado por una élite dictatorial? ........ 206

*La élite neoyorquina como fuerza subversiva* ............................ 209
*La verdad revisionista que emerge lentamente* ........................ 214

**APÉNDICE A** ............................................................................... 219
    PROGRAMA DEL PARTIDO NACIONALSOCIALISTA OBRERO ALEMÁN ............... 219
    *EL PROGRAMA* ........................................................................ 219
    *ABOLICIÓN DE LA ESCLAVITUD DEL INTERÉS* ............................... 220
    *EL INTERÉS COMÚN ANTES QUE EL PROPIO* ............................... 223

**APÉNDICE B** ............................................................................... 224
    DECLARACIÓN JURADA DE HJALMAR SCHACHT ................................. 224

**APÉNDICE C** ............................................................................... 226

**APÉNDICE D** ............................................................................... 229
    CARTA DEL DEPARTAMENTO DE GUERRA DE EE.UU. A ETHYL CORPORATION .... 229

**APÉNDICE E** ............................................................................... 231
    EXTRACTO DEL DIARIO DE MORGENTHAU (ALEMANIA) SOBRE SOSTHENES BEHN DEL I.T.T. ................................................................................. 231

**BIBLIOGRAFÍA SELECCIONADA** ....................................................... 235

**OTROS TÍTULOS** ........................................................................... 243

# Sobre el profesor Sutton

> "Y si uno prevaleciere contra él, dos le resistirán; y cordón de tres no se rompe presto" (Eclesiastés 4:12).

Profesor Sutton (1925-2002).

Aunque fue un autor prolífico, el profesor Sutton siempre será recordado por su gran trilogía: *Wall St. y la revolución bolchevique*, *Wall St. y el ascenso de Hitler*, y *Wall St. y FDR*.

El profesor Sutton dejó la lluviosa y nublada Inglaterra por la soleada California en 1957. Era una voz que clamaba en el desierto académico cuando la mayoría de las universidades estadounidenses habían vendido sus almas por el dinero de la Fundación Rockefeller.

Por supuesto, llegó a este país creyendo que era la tierra de los *libres* y el hogar de los *valientes*.

ANTONY C. SUTTON nació en Londres en 1925 y estudió en las universidades de Londres, Gottingen y California. Ciudadano de Estados Unidos desde 1962, fue investigador en la Hoover Institution for War, Revolution and Peace de Stanford, California, de 1968 a 1973, donde elaboró el monumental estudio en tres volúmenes *Western Technology and Soviet Economic Development*.

En 1974, el profesor Sutton terminó *Suicidio nacional: Military Aid to the Soviet* Union, un estudio superventas sobre la ayuda tecnológica y financiera de Occidente, principalmente de Estados Unidos, a la URSS. *Wall Street and the Rise of Hitler* es su cuarto libro, en el que expone el papel de las empresas estadounidenses en la financiación del socialismo internacional. Los otros dos libros de esta serie son *Wall Street y la revolución bolchevique* y *Wall Street y FDR*.

El profesor Sutton ha colaborado con artículos en Human Events, The Review of the News, Triumph, Ordnance, National Review y muchas otras revistas. Actualmente trabaja en un estudio en dos partes sobre el Sistema de la Reserva Federal y la manipulación del sistema económico estadounidense. Casado y padre de dos hijas, vivía en California.

*Dedicado a la memoria de Floyd Paxton, empresario, inventor, escritor y estadounidense que creyó y trabajó por los derechos individuales en una sociedad libre amparada por la Constitución.*

# Prefacio

Este es el tercer y último volumen de una trilogía que describe el papel de los socialistas corporativos estadounidenses, también conocidos como la élite financiera de Wall Street o el Eastern Liberal Establishment, en tres importantes acontecimientos históricos del siglo XX: la Revolución Lenin-Trotsky de 1917 en Rusia, la elección en 1933 de Franklin D. Roosevelt en Estados Unidos y la toma del poder por Adolf Hitler en Alemania en 1933.

Cada uno de estos acontecimientos introdujo alguna variante del socialismo en un país importante: el socialismo bolchevique en Rusia, el socialismo del New Deal en Estados Unidos y el nacionalsocialismo en Alemania.

Las historias académicas contemporáneas, quizá con la única excepción de *Tragedy And Hope*, de Carroll Quigley, ignoran esta evidencia. Por otra parte, es comprensible que las universidades y organizaciones de investigación, dependientes de la ayuda financiera de fundaciones controladas por esta misma élite financiera neoyorquina, apenas quieran apoyar y publicar investigaciones sobre estos aspectos de la política internacional. Es poco probable que el más valiente de los patronos muerda la mano que alimenta a su organización.

De las pruebas de esta trilogía también se desprende claramente que los "empresarios de espíritu público" no viajan a Washington como grupos de presión y administradores para servir a los Estados Unidos. Están en Washington para servir a sus propios intereses de maximización de beneficios. Su propósito no es fomentar una economía competitiva de libre mercado, sino manipular un régimen politizado, llámese como se quiera, en su propio beneficio. La manipulación empresarial de la llegada de Hitler al poder en marzo de 1933 es el tema de *Wall Street y el ascenso de Hitler*.

Julio de 1976

Antony C. Sutton

# Introducción

## Facetas inexploradas del nazismo

Desde principios de la década de 1920 han circulado informes infundados en el sentido de que no sólo los industriales alemanes, sino también los financieros de Wall Street, tuvieron algún papel - posiblemente un papel sustancial- en el ascenso de Hitler y el nazismo. Este libro presenta pruebas inéditas, en gran parte procedentes de los archivos de los Tribunales Militares de Nuremberg, que apoyan esta hipótesis. Sin embargo, la lectura de este volumen por sí sola no permite descubrir todo el impacto y la sugestión de las pruebas. Dos libros anteriores de esta serie, *Wall Street y la revolución bolchevique*[1] y *Wall Street y FDR*[2], describían el papel de las mismas empresas, y a menudo de las mismas personas y sus compañeros directores, trabajando duro para manipular y ayudar a la revolución bolchevique en Rusia en 1917, respaldando a Franklin D. Roosevelt para la presidencia de Estados Unidos en 1933, así como ayudando al ascenso de Hitler en la Alemania de preguerra. en resumen, este libro forma parte de un estudio más amplio del ascenso del socialismo moderno y de los socialistas corporativos.

Este grupo políticamente activo de Wall Street es más o menos el mismo círculo elitista conocido generalmente entre los conservadores como el "Establishment Liberal", por los liberales (por ejemplo G. William Domhoff) como "la clase dirigente",[3] y por

---

[1] (Nueva York: Arlington House Publishers, 1974)

[2] (Nueva York: Arlington House Publishers, 1975)

[3] *Los Círculos Superiores: The Governing Class in* America, (Nueva York: Vintage, 1970)

los teóricos de la conspiración Gary Allen[4] y Dan Smoot[5] como los "Insiders". Pero llamemos como llamemos a este grupo elitista que se autoperpetúa, aparentemente tiene una importancia fundamental en la determinación de los asuntos mundiales, a un nivel muy por detrás y por encima del de los políticos electos.

La influencia y la labor de este mismo grupo en el ascenso de Hitler y la Alemania nazi es el tema de este libro. Se trata de un campo de investigación histórica casi totalmente inexplorado por el mundo académico. Es un campo de minas histórico para los incautos y los descuidados que no conocen los entresijos de los procedimientos de investigación. Los soviéticos llevan mucho tiempo acusando a los banqueros de Wall Street de respaldar el fascismo internacional, pero su propio historial de exactitud histórica apenas da crédito a sus acusaciones en Occidente y, por supuesto, no critican el apoyo a su propio tipo de fascismo.

Este autor pertenece a un bando diferente. Anteriormente acusado de ser excesivamente crítico con el sovietismo y el socialismo nacional, mientras ignoraba Wall Street y el ascenso de Hitler, es de esperar que este libro corrija un supuesto y bastante inexacto desequilibrio filosófico y haga hincapié en el verdadero punto en cuestión: Se llame como se llame el sistema colectivista -socialismo soviético, socialismo del New Deal, socialismo corporativo o nacionalsocialismo- es el ciudadano medio, el hombre de la calle, el que en última instancia sale perdiendo frente a los chicos que dirigen la operación en la cima. Cada sistema, a su manera, es un sistema de saqueo, un dispositivo organizativo para que todos vivan (o intenten vivir) a expensas de todos los demás, mientras los líderes elitistas, los gobernantes y los políticos, se llevan la crema de la cima.

El papel de esta élite de poder estadounidense en el ascenso de Hitler

---

[4] *None Dare Call It Conspiracy*, (Rossmoor: Concord Press, 1971). Para otro punto de vista basado en documentos "internos", véase Carroll Quigley, *Tragedy and Hope*, (Nueva York: The Macmillan Company, 1966).

[5] *El Gobierno Invisible*, (Boston: Western Islands, 1962)

también debe verse en conjunción con un aspecto poco conocido del hitlerismo que sólo ahora se está explorando: los orígenes místicos del nazismo, y sus relaciones con la Sociedad Thule y con otros grupos conspirativos. Este autor no es un experto en ocultismo o conspiración, pero es obvio que los orígenes místicos, las raíces históricas neopaganas del nazismo, los Illuminati bávaros y la Sociedad Thule, son áreas relativamente desconocidas aún por explorar por investigadores técnicamente competentes. Ya hay constancia de algunas investigaciones en francés; probablemente la mejor introducción en inglés sea una traducción de *Hitler et la Tradition Cathare* de Jean Michel Angebert.[6]

Angebert revela la cruzada de 1933 del miembro *de la Schutzstaffel* Otto Rahn en busca del Santo Grial, que supuestamente se encontraba en el bastión cátaro del sur de Francia. La primera jerarquía nazi (Hitler y Himmler, así como Rudolph Hess y Rosenberg) estaba impregnada de una teología neopagana, en parte asociada a la Sociedad Thule, cuyos ideales eran próximos a los de los Illuminati bávaros. Esta fue una fuerza motriz sumergida detrás del nazismo, con un poderoso control místico sobre los fieles más acérrimos de la S.S. Nuestros historiadores contemporáneos del establishment apenas mencionan, y mucho menos exploran, estos orígenes ocultos; en consecuencia, pasan por alto un elemento tan importante como los orígenes financieros del nacionalsocialismo.

En 1950 James Stewart Martin publicó un libro muy ameno, *All Honorable Men*[7], en el que describe sus experiencias como jefe de la Sección de Guerra Económica del Departamento de Justicia que investigaba la estructura de la industria nazi. Martin afirma que empresarios estadounidenses y británicos fueron nombrados para ocupar puestos clave en esta investigación de posguerra para

---

[6] Publicado en inglés como *The Occult and the Third Reich*, (The mystical origins of Naziism and the search for the Holy Grail), (Nueva York: The Macmillan Company, 1974). Véase también Reginald H. Phelps, "'Before Hitler Came:' Thule Society and Germanen Orden", en *Journal of Modern History*, septiembre de 1968, n.º 3.

[7] (Boston: Little Brown and Company, 1950)

desviar, sofocar y silenciar la investigación de los industriales nazis y así mantener oculta su propia implicación. Un oficial británico fue condenado por un consejo de guerra a dos años de cárcel por proteger a un nazi, y varios funcionarios estadounidenses fueron destituidos de sus cargos. ¿Por qué iban a querer los empresarios estadounidenses y británicos proteger a empresarios nazis? En público argumentaban que se trataba simplemente de empresarios alemanes que no tenían nada que ver con el régimen nazi y eran inocentes de complicidad en las conspiraciones nazis. Martin no profundiza en esta explicación, pero es obvio que se muestra descontento y escéptico al respecto. Las pruebas sugieren que hubo un esfuerzo concertado no sólo para proteger a los empresarios nazis, sino también para proteger a los elementos colaboradores de las empresas estadounidenses y británicas.

Los empresarios alemanes podrían haber revelado muchos hechos incómodos: A cambio de protección, dijeron muy poco. Sin duda, *no es* casualidad que los industriales de Hitler juzgados en Núremberg recibieran menos que un tirón de orejas. Planteamos la cuestión de si los juicios de Nuremberg no deberían haberse celebrado en Washington - ¡con unos cuantos prominentes empresarios estadounidenses así como empresarios nazis en el banquillo de los acusados!

Dos extractos de fuentes contemporáneas introducirán y sugerirán el tema a ampliar. El primer extracto procede de los propios archivos de Roosevelt. El embajador estadounidense en Alemania, William Dodd, escribió a FDR desde Berlín el 19 de octubre de 1936 (tres años después de la llegada de Hitler al poder), en relación con los industriales estadounidenses y su ayuda a los nazis:

> *Por mucho que crea en la paz como nuestra mejor política, no puedo evitar los temores que Wilson subrayó más de una vez en conversaciones conmigo, el 15 de agosto de 1915 y después: la ruptura de la democracia en toda Europa será un desastre para los pueblos. Pero, ¿qué se puede hacer? En la actualidad, más de cien empresas estadounidenses tienen filiales aquí o acuerdos de cooperación.*

> Los DuPont tienen tres aliados en Alemania que les
> ayudan en el negocio del armamento. Su aliado principal
> es el I. G. Farben Company, una parte del gobierno que
> da 200.000 marcos al año a una organización de
> propaganda que opera en la opinión americana.
> Standard Oil Company (sub-compania de Nueva York)
> envio $2,000,000 aqui en diciembre 1933 y ha ganado
> $500,000 al ano ayudando a los alemanes a hacer gas
> Ersatz para propositos de guerra; pero Standard Oil no
> puede sacar ninguna de sus ganancias fuera del pais
> excepto en mercancias. Hacen poco de esto, informan de
> sus ganancias en casa, pero no explican los hechos. El
> presidente de la International Harvester Company me
> dijo que sus negocios aquí aumentaron un 33% al año
> (fabricación de armas, creo), pero que no podían sacar
> nada. Incluso nuestra gente de aviones tiene acuerdos
> secretos con Krupps. General Motor Company y Ford
> hacen aquí enormes negocios a través de sus filiales y no
> sacan beneficios. Menciono estos hechos porque
> complican las cosas y aumentan los peligros de guerra.[8]

En segundo lugar, una cita del diario del mismo embajador estadounidense en Alemania. El lector debe tener en cuenta que un representante de la citada Vacuum Oil Company -así como representantes de otras empresas estadounidenses que apoyaban a los nazis- fue nombrado miembro de la Comisión de Control de posguerra para desnazificar a los nazis:

> 25 de enero. Jueves. Nuestro agregado comercial trajo a
> verme al doctor Engelbrecht, presidente de la Compañía
> de Aceite al Vacío de Hamburgo. Engelbrecht repitió lo
> que había dicho hace un año: "La Standard Oil Company
> de Nueva York, empresa matriz de la Vacuum, ha
> gastado 10.000.000 de marcos en Alemania tratando de
> encontrar recursos petrolíferos y construyendo una gran
> refinería cerca del puerto de Hamburgo". Engelbrecht

---

[8] Edgar B. Nixon, ed., *Franklin D. Roosevelt and Foreign Affairs*, Volume III: September 1935-January 1937, (Cambridge: Belknap Press, 1969), p. 456.

> sigue perforando pozos y encontrando una buena cantidad de crudo en la región de Hannover, pero no tiene esperanzas de encontrar grandes yacimientos. Espera que el Dr. Schacht subvencione su empresa como hace con algunas compañías alemanas que no han encontrado petróleo crudo. La Vacuum gasta todas sus ganancias aquí, emplea a 1.000 hombres y nunca envía nada de su dinero a casa. No pude darle ningún estímulo.[9]

Y además:

> Apenas habían salido del edificio cuando el abogado de volvió a entrar para informar de sus dificultades. Yo no podía hacer nada. Sin embargo, le pregunté: ¿Por qué la Standard Oil Company de Nueva York envió aquí 1.000.000 de dólares en diciembre de 1933 para ayudar a los alemanes a fabricar gasolina de hulla para emergencias bélicas? ¿Por qué la gente de International Harvester sigue fabricando en Alemania cuando su empresa no obtiene nada del país y cuando no ha cobrado sus pérdidas de guerra? Él comprendió mi punto de vista y estuvo de acuerdo en que parecía una tontería y que sólo significaría mayores pérdidas si estallaba otra guerra.[10]

La alianza entre el poder político nazi y las "grandes empresas" estadounidenses puede haber parecido absurda al embajador Dodd y al abogado estadounidense al que interrogó. En la práctica, por supuesto, las "grandes empresas" son cualquier cosa menos tontas cuando se trata de promover su propio interés. La inversión en la Alemania nazi (junto con inversiones similares en la Unión Soviética) era un reflejo de políticas más elevadas, con mucho más que el beneficio inmediato en juego, aunque los beneficios no

---

[9] Editado por William E. Dodd Jr. y Martha Dodd, *Ambassador Dodd's Diary*, 1933-1938, (Nueva York: Harcourt Brace and Company, 1941), p. 303.

[10] Ibid, p. 358.

pudieran repatriarse. Para rastrear estas "políticas superiores" hay que penetrar en el control financiero de las empresas multinacionales, porque quienes controlan el flujo de las finanzas controlan en última instancia las políticas cotidianas.

Carroll Quigley[11] ha demostrado que la cúspide de este sistema de control financiero internacional antes de la Segunda Guerra Mundial era el Banco de Pagos Internacionales, con representantes de las firmas bancarias internacionales de Europa y Estados Unidos, en un acuerdo que se mantuvo durante toda la Segunda Guerra Mundial. Durante el periodo nazi, el representante de Alemania en el Banco de Pagos Internacionales fue el genio financiero de Hitler y presidente del Reichsbank, Hjalmar Horace Greeley Schacht.

## Hjalmar Horace Greeley Schacht

La implicación de Wall Street con la Alemania de Hitler destaca a dos alemanes con conexiones en Wall Street: Hjalmar Schacht y "Putzi" Hanfstaengl. Este último era amigo de Hitler y Roosevelt y desempeñó un papel sospechosamente destacado en el incidente que llevó a Hitler a la cima del poder dictatorial: el incendio del Reichstag en 1933.[12]

La historia temprana de Hjalmar Schacht, y en particular su papel en la Unión Soviética tras la Revolución Bolchevique de 1917, se describió en mi anterior libro, *Wall Street y la Revolución Bolchevique*. El mayor de los Schacht había trabajado en la oficina berlinesa de la Equitable Trust Company de Nueva York a principios del siglo XX. Hjalmar nació en Alemania y no en Nueva York sólo por el accidente de la enfermedad de su madre, que obligó a la familia a regresar a Alemania. Su hermano William Schacht nació en Estados Unidos. Para dejar constancia de sus orígenes estadounidenses, los segundos nombres de Hjalmar fueron designados "Horace Greeley" en honor al conocido político

---

[11] Quigley, op. cit.

[12] Para más información sobre "Putzi" Hanfstaengl, véase el Capítulo Nueve.

demócrata. En consecuencia, Hjalmar hablaba inglés con fluidez y el interrogatorio de posguerra de Schacht en el Proyecto Dustbin se llevó a cabo tanto en alemán como en inglés. Lo que hay que destacar es que la familia Schacht tenía sus orígenes en Nueva York, trabajaba para la prominente casa financiera de Wall Street Equitable Trust (que estaba controlada por la firma Morgan), y a lo largo de su vida Hjalmar conservó estas conexiones con Wall Street.[13] Periódicos y fuentes contemporáneas registran repetidas visitas con Owen Young, de General Electric; Farish, presidente de Standard Oil de Nueva Jersey; y sus homólogos bancarios. En resumen, Schacht era miembro de la élite financiera internacional que ejerce su poder entre bastidores a través del aparato político de una nación. Es un eslabón clave entre la élite de Wall Street y el círculo íntimo de Hitler.

Este libro se divide en dos grandes partes. La primera parte relata la creación de los cárteles alemanes a través de los planes Dawes y Young en la década de 1920. Estos cárteles fueron los principales defensores de Hitler y el nazismo y responsables directos de la llegada de los nazis al poder en 1933. Se esboza el papel de las empresas estadounidenses I. G. Farben, General Electric, Standard Oil de Nueva Jersey, Ford y otras. La segunda parte presenta las pruebas documentales conocidas sobre la financiación de Hitler, con reproducción fotográfica de los recibos de transferencia bancaria utilizados para transferir fondos de Farben, General Electric y otras empresas a Hitler, a través de Hjalmar Horace Greeley Schacht.

---

[13] Véase Sutton, *Wall Street and the Bolshevik Revolution*, op. cit., para las relaciones de Sehacht con los soviéticos y Wall Street, y su cargo de director de un banco soviético.

# Capítulo I

# Wall Street allana el camino a Hitler

> *El Plan Dawes, adoptado en agosto de 1924, encajaba perfectamente en los planes de los economistas militares del Estado Mayor alemán. (Testimonio ante el Senado de los Estados Unidos, Comité de Asuntos Militares, 1946).*

El Comité Kilgore del Senado de los Estados Unidos, creado tras la Segunda Guerra Mundial, escuchó detalladas declaraciones de funcionarios del gobierno en el sentido de que,

> *...cuando los nazis llegaron al poder en 1933, se encontraron con que desde 1918 se había avanzado mucho en la preparación de Alemania para la guerra desde el punto de vista económico e industrial.*[14]

Esta preparación para la guerra europea, tanto antes como después de 1933, se debió en gran parte a la ayuda financiera de Wall Street en la década de 1920 para crear el sistema de cárteles alemán, y a la ayuda técnica de conocidas empresas estadounidenses, que se identificarán más adelante, para construir la Wehrmacht alemana. Mientras que esta asistencia financiera y técnica se califica de "accidental" o debida a la "miopía" de los hombres de negocios estadounidenses, las pruebas que se presentan a continuación sugieren claramente cierto grado de premeditación por parte de estos financieros estadounidenses. Se hicieron alegaciones similares e

---

[14] Congreso de los Estados Unidos. Senado. Audiencias ante un Subcomité del Comité de Asuntos Militares. Eliminación de los Recursos Alemanes para la Guerra. Report pursuant to S. Res. 107 and 146, July 2, 1945, Part 7, (78th Congress and 79th Congress), (Washington: Government Printing Office, 1945), en adelante citado como Elimination of German Resources.

inaceptables de "accidente" en nombre de los financieros estadounidenses y de los industriales de en el ejemplo paralelo de la construcción del poder militar de la Unión Soviética a partir de 1917. Sin embargo, estos capitalistas estadounidenses estaban dispuestos a financiar y subvencionar a la Unión Soviética mientras se desarrollaba la guerra de Vietnam, sabiendo que los soviéticos abastecían al otro bando.

La contribución del capitalismo estadounidense a los preparativos bélicos alemanes antes de 1940 sólo puede calificarse de fenomenal. Fue sin duda crucial para las capacidades militares alemanas.

Por ejemplo, en 1934 Alemania sólo producía 300.000 toneladas de productos petrolíferos naturales y menos de 800.000 toneladas de gasolina sintética; el resto era importado. Sin embargo, diez años después, en la Segunda Guerra Mundial, tras la transferencia de las patentes y la tecnología de hidrogenación de la Standard Oil de Nueva Jersey a I. G. Farben (utilizada para producir gasolina sintética a partir del carbón), Alemania produjo cerca de 6,5 millones de toneladas de petróleo, de las cuales el 85% (5,5 millones de toneladas) era petróleo sintético mediante el proceso de hidrogenación de la Standard Oil. Además, el control de la producción de petróleo sintético en Alemania estaba en manos de la filial de I. G. Farben, Braunkohle-Benzin A. G., y el propio cártel de Farben se creó en 1926 con ayuda financiera de Wall Street.

Por otra parte, la impresión general que dejan al lector los historiadores modernos es que esta asistencia técnica estadounidense fue accidental y que los industriales estadounidenses eran inocentes de haber obrado mal. Por ejemplo, el Comité Kilgore declaró:

> *Estados Unidos desempeñó accidentalmente un papel importante en el armamento técnico de Alemania. Aunque los planificadores militares alemanes habían ordenado y persuadido a las corporaciones manufactureras para que instalaran equipos modernos para la producción en masa, ni los economistas militares ni las corporaciones parecen haberse dado cuenta en*

*toda su extensión de lo que eso significaba. Sus ojos se abrieron cuando dos de las principales compañías automovilísticas estadounidenses construyeron plantas en Alemania para vender en el mercado europeo, sin el obstáculo de los fletes marítimos y los elevados aranceles alemanes. Los alemanes fueron llevados a Detroit para aprender las técnicas de producción especializada de componentes y de montaje en línea recta. Lo que vieron provocó la reorganización y el reacondicionamiento de otras plantas alemanas clave para la guerra. Las técnicas aprendidas en Detroit se utilizaron finalmente para construir los Stukas de bombardeo en picado.... Más tarde, los representantes de I. G. Farben en este país permitieron a un grupo de ingenieros alemanes visitar no sólo fábricas de aviones sino también otras de importancia militar, en las que aprendieron mucho de lo que finalmente se utilizó contra Estados Unidos.*[15]

A raíz de estas observaciones, que subrayan el carácter "accidental" de la ayuda, escritores académicos como Gabriel Kolko, que no suele ser partidario de las grandes empresas, han llegado a la conclusión de que:

*Es casi superfluo señalar que los motivos de las empresas americanas vinculadas a contratos con empresas alemanas no eran pro. Nazi, cualesquiera que hayan sido.*[16]

Sin embargo, Kolko opina lo contrario, los análisis de la prensa económica estadounidense contemporánea confirman que las revistas y periódicos económicos eran plenamente conscientes de la amenaza nazi y de su naturaleza, al tiempo que advertían a sus lectores empresariales de los preparativos bélicos alemanes. E

---

[15] Eliminación de los recursos alemanes, p. 174.

[16] Gabriel Kolko, "American Business and Germany, 1930-1941", *The Western Political Quarterly*, volumen XV, 1962.

incluso Kolko lo admite:

> La prensa económica [de Estados Unidos] era consciente, a partir de 1935, de que la prosperidad alemana se basaba en los preparativos de guerra. Más importante aún, era consciente del hecho de que la industria alemana estaba bajo el control de los nazis y estaba siendo dirigida para servir al rearme de Alemania, y la empresa mencionada con más frecuencia en este contexto era el gigantesco imperio químico, I. G. Farben.[17]

Además, las pruebas presentadas a continuación sugieren que no sólo un sector influyente del empresariado estadounidense era consciente de la naturaleza del nazismo, sino que, para sus propios fines, ayudó al nazismo siempre que fue posible (y rentable), con *pleno conocimiento de que el resultado probable sería una guerra entre Europa y Estados Unidos*. Como veremos, los alegatos de inocencia no concuerdan con los hechos.

## 1924: El Plan Dawes

El Tratado de Versalles tras la Primera Guerra Mundial impuso una pesada carga de reparaciones a la Alemania derrotada. Esta carga financiera -causa real del descontento alemán que llevó a la aceptación del hitlerismo- fue utilizada por los banqueros internacionales en su propio beneficio.

El Plan Dawes, y más tarde el Plan Young, brindaron la oportunidad de conceder préstamos rentables a los cárteles alemanes en Estados Unidos. Ambos planes fueron ingeniados por estos banqueros centrales, que manejaron los comités para sus propias ventajas pecuniarias, y aunque técnicamente los comités no fueron designados por el gobierno de los E.E.U.U., los planes fueron

---

[17] Ibid, p. 715.

aprobados y patrocinados de hecho por el gobierno.

El regateo de posguerra entre financieros y políticos fijó las reparaciones alemanas en una cuota anual de 132.000 millones de marcos de oro. Esto suponía aproximadamente una cuarta parte del total de las exportaciones alemanas de 1921. Cuando Alemania fue incapaz de hacer frente a estos aplastantes pagos, Francia y Bélgica ocuparon el Ruhr para tomar por la fuerza lo que no se podía obtener voluntariamente. En 1924, los aliados nombraron un comité de banqueros (encabezado por el banquero estadounidense Charles G. Dawes) para elaborar un programa de pagos de reparaciones. El Plan Dawes resultante fue, según el profesor de Relaciones Internacionales de la Universidad de Georgetown Carroll Quigley, "en gran medida una producción de J.P. Morgan".[18] El Plan Dawes organizó una serie de préstamos extranjeros por un total de 800 millones de dólares, cuyos ingresos fluyeron hacia Alemania. Estos préstamos son importantes para nuestra historia porque los ingresos, recaudados en su mayor parte en Estados Unidos de inversores en dólares, se utilizaron a mediados de la década de 1920 para crear y consolidar las gigantescas combinaciones químicas y siderúrgicas de I. G. Farben y Vereinigte Stahlwerke, respectivamente. Estos cárteles no sólo ayudaron a Hitler a llegar al poder en 1933, sino que también produjeron la mayor parte del material bélico alemán clave utilizado en la Segunda Guerra Mundial.

Entre 1924 y 1931, en el marco del Plan Dawes y del Plan Young, Alemania pagó a los Aliados unos 86.000 millones de marcos en concepto de reparaciones. Al mismo tiempo, Alemania obtuvo préstamos en el extranjero, principalmente en Estados Unidos, por valor de unos 138.000 millones de marcos, lo que supuso un pago neto alemán de sólo 3.000 millones de marcos en concepto de reparaciones. En consecuencia, la carga de las reparaciones monetarias alemanas a los Aliados fue soportada por los suscriptores extranjeros de bonos alemanes emitidos por las casas financieras de Wall Street, con importantes beneficios para ellos, por supuesto. Y, que conste, estas empresas eran propiedad de los mismos financieros

---

[18] Carroll Quigley, op. cit.

que periódicamente se quitaban sus sombreros de banqueros y se ponían otros nuevos para convertirse en "hombres de Estado". Como "estadistas" formularon los Planes Dawes y Young para "resolver" el "problema" de las reparaciones. Como banqueros, concedieron los préstamos. Como señala Carroll Quigley,

> Es digno de mención que este sistema fue establecido por los banqueros inter. nacionales y que el posterior préstamo de dinero ajeno a Alemania fue muy rentable para estos banqueros.[19]

¿Quiénes eran los banqueros internacionales de Nueva York que formaron estas comisiones de reparaciones?

Los expertos estadounidenses del Plan Dawes de 1924 eran el banquero Charles Dawes y el representante de Morgan Owen Young, que era presidente de la General Electric Company. Dawes fue presidente del Comité Aliado de Expertos en 1924. En 1929, Owen Young se convirtió en presidente del Comité de Expertos, apoyado por el propio J.P. Morgan, con los suplentes T. W. Lamont, socio de Morgan, y T. N. Perkins, banquero asociado a Morgan. En otras palabras, las delegaciones estadounidenses eran pura y simplemente, como ha señalado Quigley, delegaciones de J. P. Morgan que utilizaban la autoridad y el sello de Estados Unidos para promover planes financieros en su propio beneficio pecuniario. Como resultado, como dice Quigley, los "banqueros internacionales se sentaron en el cielo, bajo una lluvia de honorarios y comisiones".[20]

Los miembros alemanes del Comité de Expertos eran igualmente interesantes. En 1924, Hjalmar Schacht era presidente del Reichsbank y había desempeñado un papel destacado en los trabajos de organización del Plan Dawes; lo mismo hizo el banquero alemán Carl Melchior. Uno de los delegados alemanes de 1928 fue A.

---

[19] Ibid, p. 308.

[20] Carroll Quigley, op. cit., p. 309.

Voegler, del cártel alemán del acero Stahlwerke Vereinigte. En resumen, los dos importantes países implicados -Estados Unidos y Alemania- estaban representados por los banqueros Morgan, por un lado, y Schacht y Voegler, por el otro, ambos personajes clave en el ascenso de la Alemania de Hitler y el posterior rearme alemán.

Por último, los miembros y asesores de las Comisiones Dawes y Young no sólo estaban asociados a casas financieras de Nueva York sino que, como veremos más adelante, eran directores de empresas de los cárteles alemanes que ayudaron a Hitler a llegar al poder.

## 1928: El Plan Joven

Según el genio financiero de Hitler, Hjalmar Horace Greeley Schacht, y el industrial nazi Fritz Thyssen, fue el Plan Young de 1928 (sucesor del Plan Dawes), formulado por el agente de Morgan Owen D. Young, lo que llevó a Hitler al poder en 1933. Fritz Thyssen afirma que,

> *Me pasé al Partido Nacionalsocialista sólo cuando me convencí de que la lucha contra el Plan Young era inevitable si se quería evitar el colapso total de Alemania.*[21]

La diferencia entre el Plan Young y el Plan Dawes era que, mientras que el Plan Young exigía pagos en bienes producidos en Alemania financiados con préstamos extranjeros, el Plan Young exigía pagos monetarios y "A mi juicio [escribió Thyssen] la deuda financiera así creada estaba destinada a perturbar toda la economía del Reich".

El Plan Young era supuestamente un dispositivo para ocupar Alemania con capital estadounidense y pignorar activos reales alemanes a cambio de una gigantesca hipoteca mantenida en Estados Unidos. Cabe destacar que las empresas alemanas afiliadas

---

[21] Fritz Thyssen, *I Paid Hitler*, (Nueva York: Farrar & Rinehart, Inc., s.f.), p. 88.

a Estados Unidos eludieron el Plan mediante el artificio de la propiedad extranjera temporal. Por ejemplo, A.E.G. (German General Electric), afiliada a General Electric en Estados Unidos, fue vendida a un holding franco-belga y eludió las condiciones del Plan Young. Cabe señalar de paso que Owen Young fue el principal apoyo financiero de Franklin D. Roosevelt en la empresa United European cuando FDR, como financiero en ciernes de Wall Street, intentó sacar provecho de la hiperinflación alemana de 1925. La empresa United European era un vehículo para especular y beneficiarse de la imposición del Plan Dawes, y es una prueba clara de que los financieros privados (incluido Franklin D. Roosevelt) utilizaban el poder del Estado para promover sus propios intereses manipulando la política exterior.

La acusación paralela de Schacht de que Owen Young fue responsable del ascenso de Hitler, aunque obviamente interesada, está registrada en un informe de la Inteligencia del Gobierno de Estados Unidos que relata el interrogatorio del Dr. Fritz Thyssen en septiembre de 1945:

*La aceptación del Plan Young y de sus principios financieros incrementó cada vez más el desempleo, hasta llegar a cerca de un millón de parados.*

*La gente estaba desesperada. Hitler dijo que acabaría con el paro. El gobierno en el poder en aquel momento era muy malo, y la situación de la gente empeoraba. Esa fue realmente la razón del enorme éxito que Hitler tuvo en las elecciones. Cuando llegaron las últimas elecciones, obtuvo cerca del 40%.*[22]

Sin embargo, fue Schacht, y no Owen Young, quien concibió la idea que más tarde se convertiría en el Banco de Pagos Internacionales.

---

[22] U.S. Group Control Council (Alemania), Office of the Director of Intelligence, Intelligence Report No. EF/ME/1, 4 de septiembre de 1945. Véase también Hjalmar Schacht, *Confessions of "the old Wizard"*, (Boston: Houghton Mifflin, 1956).

Los detalles reales se elaboraron en una conferencia presidida por Jackson Reynolds, "uno de los principales banqueros de Nueva York", junto con Melvin Traylor del First National Bank de Chicago, Sir Charles Addis, ex director de la Hong Kong and Shanghai Banking Corporation, y varios banqueros franceses y alemanes.[23] El B.I.S. era esencial bajo el Plan Young como medio de proporcionar un instrumento listo para promover las relaciones financieras internacionales. Según sus propias declaraciones, Schacht también dio a Owen Young la idea que más tarde se convertiría en el Banco Internacional para la Reconstrucción y el Desarrollo posterior a la Segunda Guerra Mundial:

> *"Un banco de este tipo exigirá una cooperación financiera entre vencidos y vencedores que conducirá a una comunidad de intereses que, a su vez, dará lugar a la confianza y el entendimiento mutuos y, por tanto, promoverá y garantizará la paz".*
>
> *Aún recuerdo vívidamente el escenario en el que tuvo lugar esta conversación. Owen Young estaba sentado en su sillón, dando caladas a su pipa, con las piernas estiradas y sus agudos ojos fijos en mí. Como es mi costumbre cuando expongo tales argumentos, yo estaba haciendo un tranquilo y constante "cuarto de cubierta" arriba y abajo de la habitación. Cuando terminé, hubo una breve pausa. Entonces su rostro se iluminó y su resolución se expresó en las siguientes palabras: "Dr. Schacht, me ha dado una idea maravillosa y voy a vendérsela al mundo".[24]*

## B.I.S. - El vértice del control

Esta interacción de ideas y cooperación entre Hjalmar Schacht en

---

[23] Hjalmar Schacht, op cit, p. 18. Fritz Thyssen añade: "Incluso en aquel momento, el Sr. Dillon, un banquero neoyorquino de origen judío al que admiro mucho, me dijo: 'En tu lugar, yo no firmaría el plan'".

[24] Ibid, p. 282.

Alemania y, a través de Owen Young, los intereses de J.P. Morgan en Nueva York, era sólo una faceta de un vasto y ambicioso sistema de cooperación y alianza internacional para el control mundial. Como describe Carroll Quigley, este sistema era "... nada menos que crear un sistema mundial de control financiero, en manos privadas, capaz de dominar el sistema político de cada país y la economía del mundo en su conjunto.[25]

Este sistema feudal funcionaba en los años veinte, como funciona hoy, a través de los banqueros centrales privados de cada país que controlan la oferta monetaria nacional de las economías individuales. En las décadas de 1920 y 1930, el Sistema de la Reserva Federal de Nueva York, el Banco de Inglaterra, el Reichsbank de Alemania y la Banque de France también influían más o menos indirectamente en el aparato político de sus respectivos países a través del control de la oferta monetaria y la creación del entorno monetario. Una influencia más directa se ejercía suministrando fondos políticos a políticos y partidos políticos o retirándoles su apoyo. En Estados Unidos, por ejemplo, el Presidente Herbert Hoover achacó su derrota de 1932 a la retirada del apoyo de Wall Street y al cambio de las finanzas y la influencia de Wall Street a Franklin D. Roosevelt.

Un sistema de recompensas y castigos mantiene a raya a los políticos afines a los objetivos del capitalismo financiero y a las academias prolíficas en ideas sobre el control mundial útiles para los banqueros internacionales. A principios de la década de 1930, el vehículo rector de este sistema internacional de control financiero y político, denominado por Quigley la "cúspide del sistema", era el Banco de Pagos Internacionales de Basilea (Suiza). El vértice del B.I.S. continuó su labor durante la Segunda Guerra Mundial como el medio a través del cual los banqueros -que aparentemente no estaban en guerra entre sí- continuaron un intercambio mutuamente beneficioso de ideas, información y planificación para el mundo de la posguerra. Como ha observado un escritor, la guerra no supuso

---

[25] Carroll Quigley, op. cit., p. 324.

ninguna diferencia para los banqueros internacionales:

> *El hecho de que el Banco poseyera un personal verdaderamente internacional presentaba, por supuesto, una situación sumamente anómala en tiempos de guerra. Un Presidente norteamericano dirigía los asuntos cotidianos del Banco a través de un Director General francés, que contaba con un Director General Adjunto alemán, mientras que el Secretario General era un súbdito italiano. Otros nacionales ocupaban otros puestos. Estos hombres estaban, por supuesto, en contacto personal diario entre sí. A excepción del Sr. McKittrick [véase infra], los ladrones se encontraban, por supuesto, permanentemente en Suiza durante este período y no debían estar sujetos a las órdenes de su gobierno en ningún momento. Sin embargo, los directores del Banco permanecieron, por supuesto, en sus respectivos países y no tuvieron contacto directo con el personal del Banco. Se afirma, sin embargo, que H. Schacht, presidente del Reichsbank, mantuvo un representante personal en Basilea durante la mayor parte de este tiempo.*[26]

Fueron esas reuniones secretas, "... reuniones más secretas que cualquiera de las celebradas por los masones del Arca Real o por cualquier Orden Rosacruz..."[27] entre los banqueros centrales en la "cúspide" del control lo que tanto intrigó a los periodistas contemporáneos, aunque sólo en raras ocasiones y brevemente penetraron tras la máscara del secreto.

## La construcción de los cárteles alemanes

Un ejemplo práctico de cómo las finanzas internacionales operan

---

[26] Henry H. Schloss, *The Bank for International Settlements* (Amsterdam,: North Holland Publishing Company, 1958)

[27] John Hargrave, *Montagu Norman*, (Nueva York: The Greystone Press, s.f.). p. 108.

entre bastidores para construir y manipular sistemas político-económicos lo encontramos en el sistema alemán de cárteles. Los tres mayores préstamos gestionados por los banqueros internacionales de Wall Street para prestatarios alemanes en la década de 1920 en el marco del Plan Dawes beneficiaron a tres cárteles alemanes que pocos años después ayudaron a Hitler y a los nazis a llegar al poder. Los financieros estadounidenses estaban directamente representados en los consejos de administración de dos de estos tres cárteles alemanes. Esta ayuda estadounidense a los cárteles alemanes ha sido descrita por James Martin de la siguiente manera: "Estos préstamos para la reconstrucción se convirtieron en un vehículo para acuerdos que hicieron más para promover la Segunda Guerra Mundial que para establecer la paz después de la Primera Guerra Mundial.[28]

Los tres cárteles dominantes, las cantidades prestadas y el sindicato flotante de Wall Street eran los siguientes:

| Cártel alemán | Sindicato de Wall Street | Importe emitido |
|---|---|---|
| Elektrizitats-Gesellschaft (A.E.G.) (General Electric alemana) | National City Co. | $35,000,000 |
| Vereinigte Stahlwerke (Acerías Unidas) | Dillon, Read & Co. | $70,225,000 |
| I.G. Chemical estadounidense (I.G. Farben) | National City Co. | $30,000,000 |

Si se examinan todos los préstamos emitidos[29], se observa que sólo un puñado de casas financieras neoyorquinas se ocuparon de la financiación de las reparaciones alemanas. Tres casas -Dillon, Read Co.; Harris, Forbes & Co. y National City Company- emitieron casi tres cuartas partes del importe nominal total de los préstamos y

---

[28] James Stewart Martin, op. cit., p. 70.

[29] Véase el capítulo 7 para más detalles sobre los préstamos de Wall Street a la industria alemana.

cosecharon la mayor parte de los beneficios:

| Director del Sindicato de Wall Street | Participación en emisiones industriales alemanas en el mercado de capitales estadounidense | Beneficios de préstamos alemanes* | Porcentaje del total |
|---|---|---|---|
| Dillon, Read & Co. | $241,325,000 | 2,7 millones de dólares | 29.2 |
| Harris, Forbes & Co. | 186,500,000 | 1,4 millones | 22.6 |
| National City Co. | 173,000,000 | 5,0 millones de euros | 20.9 |
| Speyer & Co. | 59,500,000 | 0,6 millones de euros | 7.2 |
| Lee, Higginson & Co. | 53,000,000 | n.d. | 6.4 |
| Guaranty Co. de N.Y. | 41,575,000 | 0,2 millones de euros | 5.0 |
| Kuhn, Loeb & Co. | 37,500,000 | 0,2 millones de euros | 4.5 |
| Equitable Trust Co. | 34,000,000 | 0,3 millones de euros | 4.1 |
| TOTAL | $826,400,000 | 10,4 millones de dólares | 99.9 |

Fuente: Véase el anexo A

*Robert R. Kuczynski, Bankers Profits from German Loans (Washington, D.C.: Brookings Institution, 1932), p. 127.

A partir de mediados de los años veinte, las dos grandes empresas alemanas I.G. Farben y Vereinigte Stahlwerke dominaron el sistema de cárteles químicos y siderúrgicos creado por estos préstamos.

Aunque estas empresas sólo tenían mayoría de votos en los cárteles de dos o tres productos básicos, podían imponer su voluntad en todo el cártel gracias al control de estos productos básicos. I.G. Farben era el principal productor de productos químicos básicos utilizados por otros combinados que fabricaban productos químicos, por lo que su posición de poder económico no puede medirse únicamente por su capacidad de producir unos pocos productos químicos básicos. Del mismo modo, Vereinigte Stahlwerke, con una capacidad de producción de arrabio superior a la de todos los demás productores alemanes de hierro y acero juntos, podía ejercer mucha más influencia en el cartel de productos semiacabados de hierro y acero de lo que sugiere su capacidad de producción de arrabio. Aun así, el porcentaje de producción de estos cárteles para todos los productos era significativo:

| Productos de Vereinigte Stahlwerke | Porcentaje de la producción total alemana en 1938 |
|---|---|
| Arrabio | 50.8 |
| Tubos y tuberías | 45.5 |
| Placa pesada | 36.0 |
| Explosivos | 35.0 |
| Alquitrán de hulla | 33.3 |
| Barra de acero | 37.1 |
| | Porcentaje del total alemán |
| I.G. Farben | producción en 1937 |
| Metanol sintético | 100.0 |
| Magnesio | 100.0 |
| Nitrógeno químico | 70.0 |
| Explosivos | 60.0 |
| Gasolina sintética (alto octanaje) | 46.0 (1945) |
| Lignito | 20.0 |

Entre los productos que llevaron a I. G. Farben y Vereinigte Stahlwerke a una colaboración mutua estaban el alquitrán de hulla y el nitrógeno químico, ambos de importancia primordial para la fabricación de explosivos. I. G. Farben tenía una posición de cártel que le aseguraba el dominio en la fabricación y venta de nitrógeno químico, pero sólo poseía alrededor del uno por ciento de la capacidad de coque de Alemania. De ahí que se llegara a un acuerdo en virtud del cual las filiales de explosivos de Farben obtenían su benzol, toluol y otros productos primarios de alquitrán de hulla en las condiciones dictadas por Vereinigte Stahlwerke, mientras que la filial de explosivos de Vereinigte Stahlwerke dependía para sus nitratos de las condiciones fijadas por Farben. Bajo este sistema de colaboración mutua e interdependencia, los dos cárteles, I.G. Farben y Vereinigte Stahlwerke, produjeron el 95 por ciento de los.explosivos alemanes en 1957-8 en vísperas de la Segunda Guerra Mundial. *Esta producción procedía de capacidades construidas con préstamos estadounidenses y, en cierta medida, con tecnología estadounidense.*

La cooperación I. G. Farben-Standard Oil para la producción de petróleo sintético a partir del carbón dio al cártel I. G. Farben el monopolio de la producción alemana de gasolina durante la Segunda Guerra Mundial. Algo menos de la mitad de la gasolina alemana de alto octanaje en 1945 era producida directamente por I. G. Farben y la mayor parte del resto por sus empresas afiliadas.

En resumen, en gasolina sintética y explosivos (dos de los elementos básicos de la guerra moderna), el control de la producción alemana de la Segunda Guerra Mundial estaba en manos de dos cosechadoras alemanas creadas por préstamos de Wall Street en el marco del Plan Dawes.

Además, la ayuda estadounidense a los esfuerzos bélicos nazis se extendió a otras áreas.[30] Los dos mayores productores de tanques de la Alemania de Hitler eran Opel, una filial propiedad al cien por cien de General Motors (controlada por la firma J.P. Morgan), y la filial Ford A. G. de la Ford Motor Company de Detroit. Los nazis concedieron la exención fiscal a Opel en 1936, para que General Motors pudiera ampliar sus instalaciones de producción. General Motors reinvirtió obligatoriamente los beneficios resultantes en la industria alemana. Henry Ford fue condecorado por los nazis por sus servicios al nazismo. (Véase p. 93.) Alcoa y Dow Chemical colaboraron estrechamente con la industria nazi con numerosas transferencias de su tecnología nacional estadounidense. Bendix Aviation, en la que la empresa General Motors, controlada por J.P. Morgan, tenía una importante participación accionarial, suministraba a Siemens & Halske A. G. en Alemania datos sobre pilotos automáticos e instrumentos de aviación. Ya en 1940, en la "guerra no oficial", Bendix Aviation suministraba datos técnicos

---

[30] Véanse numerosos ejemplos en Gabriel Kolko, op. cit.

completos a Robert Bosch para arrancadores de aviones y motores diesel y recibía a cambio pagos por derechos de autor.

En resumen, las empresas estadounidenses asociadas con los banqueros de inversión internacionales Morgan-Rockefeller -y no, cabe señalar , la inmensa mayoría de los industriales estadounidenses independientes- estaban íntimamente relacionadas con el crecimiento de la industria nazi. Es importante señalar al desarrollar nuestra historia que General Motors, Ford, General Electric, DuPont y el puñado de empresas estadounidenses íntimamente relacionadas con el desarrollo de la Alemania nazi estaban -a excepción de Ford Motor Company- controladas por la élite de Wall Street: la firma J.P. Morgan, el Rockefeller Chase Bank y, en menor medida, el banco Warburg Manhattan.[31] Este libro no es una acusación *contra toda la* industria y las finanzas estadounidenses. Es una acusación de la "cúspide" - aquellas empresas controladas a través del puñado de casas financieras, el sistema del Banco de la Reserva Federal, el Banco de Pagos Internacionales, y sus continuos acuerdos de cooperación internacional y cárteles que intentan controlar el curso de la política y la economía mundial.

---

[31] En 1956, los bancos Chase y Manhattan se fusionaron para convertirse en Chase Manhattan.

# Capítulo II

## El imperio de I.G. Farben

*Farben era Hitler y Hitler era Farben.*

(Senador Homer T. Bone a la Comisión de Asuntos
Militares del Senado, 4 de junio de 1943).

En vísperas de la Segunda Guerra Mundial, el complejo químico alemán de I.G. Farben era la mayor empresa de fabricación de productos químicos del mundo, con un poder y una influencia políticos y económicos extraordinarios dentro del Estado nazi hitleriano. I. G. ha sido descrita acertadamente como "un estado dentro de un estado".

El cártel Farben data de 1925, cuando el genio organizador Hermann Schmitz (con la ayuda financiera de Wall Street) creó la supergigante empresa química a partir de seis empresas químicas alemanas ya gigantes: Badische Anilin, Bayer, Agfa, Hoechst, Weiler-ter-Meer y Griesheim-Elektron. Estas empresas se fusionaron para convertirse en Inter-nationale Gesellschaft Farbenindustrie A.G. - o I.G. Farben para abreviar. Veinte años más tarde, el mismo Hermann Schmitz fue juzgado en Nuremberg por crímenes de guerra cometidos por el cártel de I. G.. Otros directores de I. G. Farben fueron juzgados, pero las filiales americanas de I. G. Farben y los directores americanos de la propia I. G. fueron olvidados en silencio; la verdad quedó enterrada en los archivos.

Son estas conexiones estadounidenses en Wall Street las que nos preocupan. Sin el capital suministrado por Wall Street, no habría existido I. G. Farben en primer lugar y casi con toda seguridad no habría existido Adolf Hitler ni la Segunda Guerra Mundial.

Entre los banqueros alemanes que formaban parte del *Aufsichsrat* de Farben (el consejo de supervisión de directores)[32] a finales de los años veinte figuraba el banquero de Hamburgo Max Warburg, cuyo hermano Paul Warburg fue uno de los fundadores del Sistema de la Reserva Federal en Estados Unidos. No por casualidad, Paul Warburg también formaba parte del consejo de administración de American I. G., la filial estadounidense propiedad al cien por cien de Farben. Además de Max Warburg y Hermann Schmitz, la mano que guiaba la creación del imperio Farben, el *Vorstand* inicial de Farben incluía a Carl Bosch, Fritz ter Meer, Kurt Oppenheim y George von Schnitzler.[33] Todos, excepto Max Warburg, fueron acusados de "criminales de guerra" tras la Segunda Guerra Mundial.

En 1928, los holdings estadounidenses de I. G. Farben *(es decir,* Bayer Company, General Aniline Works, Agfa Ansco y Winthrop Chemical Company) se organizaron en un holding suizo, I. G. Chemic (Inter-nationale Gesellschaft fur Chemisehe Unternehmungen A. G.), controlado por I. G. Farben en Alemania. Al año siguiente, estas empresas estadounidenses se fusionaron para convertirse en American I. G. Chemical Corporation, que más tarde pasó a llamarse General Aniline & Film. Hermann Schmitz, el organizador de I. G. Farben en 1925, llegó a ser un Nazi prominente temprano y partidario de Hitler, así como presidente del Swiss I. G. Chemic y presidente de American I. G. El complejo de Farben tanto en Alemania como en los Estados Unidos entonces se desarrolló en una parte integral de la formación y operación de la máquina del estado Nazi, el Wehrmacht y el S.S.

I. G. Farben tiene un interés peculiar en la formación del Estado nazi porque los directores de Farben ayudaron materialmente. Hitler y a los nazis al poder en 1933. Tenemos pruebas fotográficas (ver página 60) de que I.G. Farben contribuyó con 400.000 RM al "fondo para sobornos" políticos de Hitler. Fue este fondo secreto el que

---

[32] Las empresas alemanas tienen un consejo de administración a dos niveles. *El Aufsichsrat* se ocupa de la supervisión general, incluida la política financiera, mientras que el *Vorstand* se ocupa de la gestión diaria.

[33] Tomado de *Der Farben-Konzern* 1928, (Hoppenstedt, Berlín: I928), pp. 4-5.

financió la toma de control nazi en marzo de 1933. Muchos años antes Farben había obtenido fondos de Wall Street para la cartelización y expansión en Alemania en 1925 y 30 millones de dólares para I. G. americano en 1929, y tenía directores de Wall Street en la junta de Farben. Hay que notar que estos fondos fueron recaudados y los directores nombrados años antes que Hitler fue promovido como el dictador alemán.

## El poder económico de I. G. Farben

Observadores cualificados han argumentado que Alemania no podría haber entrado en guerra en 1939 sin I. G. Farben. Entre 1927 y el comienzo de la Segunda Guerra Mundial, I. G. Farben duplicó su tamaño, una expansión que fue posible en gran parte gracias a la asistencia técnica estadounidense y a las emisiones de bonos estadounidenses, como la de 30 millones de dólares ofrecida por el National City Bank. En 1939 I. G. había adquirido participación e influencia directiva en unas 380 empresas alemanas y más de 500 extranjeras. El imperio Farben poseía sus propias minas de carbón, sus propias centrales eléctricas, unidades siderúrgicas, bancos, unidades de investigación y numerosas empresas comerciales. Hubo más de 2.000 acuerdos de cártel entre I.G. y empresas extranjeras, incluidas Standard Oil de Nueva Jersey, DuPont, Alcoa, Dow Chemical y otras en Estados Unidos. La historia completa de I.G. Farben y sus actividades en todo el mundo antes de la Segunda Guerra Mundial nunca se conocerá, ya que los registros alemanes clave fueron destruidos en 1945 en previsión de la victoria aliada. Sin embargo, una investigación de posguerra del Departamento de Guerra de EE.UU. concluyó que:

> *Sin las instalaciones productivas inmensas de I. G., su re. búsqueda intensa, y las afiliaciones internacionales vastas, la prosecución de Alemania de la guerra habría sido impensable e imposible; Farben no sólo dirigió sus energías hacia armar Alemania, pero se concentró en debilitar a sus víctimas previstas, y esta tentativa doble para ampliar el potencial industrial alemán para la guerra y para restringir el del resto del mundo no fue concebido y ejecutado "en el curso normal del negocio." Las pruebas son abrumadoras de que los funcionarios de*

*I. G. Farben tenían pleno conocimiento previo del plan de Alemania para la conquista del mundo y de cada acto agresivo específico emprendido posteriormente.*[34]

Entre los directores de las empresas Farben *(es decir,* los "funcionarios de I. G. Farben" mencionados en la investigación) no sólo había alemanes, sino también destacados financieros estadounidenses. Este informe de 1945 del Departamento de Guerra de los EE.UU. concluyó que la asignación de I.G. de Hitler en el período de preguerra era hacer Alemania autosuficiente en caucho, gasolina, aceites lubricantes, magnesio, fibras, agentes de curtido, grasas, y explosivos. Para cumplir esta tarea crítica, vastas sumas fueron gastadas por I.G. en procesos para extraer estos materiales de guerra de materias primas alemanas indígenas - en particular los recursos de carbón alemanes abundantes. Donde estos procesos no podian ser desarrollados en Alemania, fueron adquiridos del extranjero bajo acuerdos de cartel. Por ejemplo, el proceso para el iso-octano, esencial para los combustibles de la aviacion, fue obtenido de los Estados Unidos,

> ... *de hecho enteramente [de] los estadounidenses y ha llegado a ser conocido por nosotros en detalle en sus etapas separadas a través de nuestros acuerdos con ellos [Standard Oil de Nueva Jersey] y está siendo utilizado muy ampliamente por nosotros.*[35]

I.G. Farben obtuvo de Estados Unidos el proceso para fabricar tetraetilo de plomo, esencial para la gasolina de aviación, y en 1939 Standard Oil de Nueva Jersey vendió a I.G. 20 millones de dólares en gasolina de aviación de alta calidad. Incluso antes de que Alemania fabricara el tetra-etilo de plomo por el proceso americano pudo "pedir prestado" 500 toneladas de la Ethyl Corporation. Este préstamo de plomo de tetra-etilo vital no fue devuelto y I.G. perdió la garantía de 1 millón de dólares. Además, I.G. compró reservas

---

[34] *Eliminación de los recursos alemanes,* p. 943.

[35] Ibid, p. 945.

grandes de magnesio de Dow Chemical para bombas incendiarias y almacenó explosivos, estabilizadores, fósforo, y cianuros del mundo exterior.

En 1939, de 43 productos principales fabricados por I.G., 28 eran de "interés primario" para las fuerzas armadas alemanas. El control final de Farben sobre la economía de guerra alemana, adquirido durante las décadas de 1920 y 1930 con la ayuda de Wall Street, puede evaluarse mejor examinando el porcentaje de la producción de material de guerra alemán producido por las plantas de Farben en 1945. En aquella época Farben producía el 100 por cien del caucho sintético alemán, el 95 por ciento del gas venenoso alemán (incluido todo el gas Zyklon B utilizado en los campos de concentración), el 90 por ciento de los plásticos alemanes, el 88 por ciento del magnesio alemán, el 84 por ciento de los explosivos alemanes, el 70 por ciento de la pólvora alemana, el 46 por ciento de la gasolina alemana de alto octanaje (de aviación) y el 33 por ciento de la gasolina sintética alemana.[36] (Véanse el Gráfico 2-1 y la Tabla 2-1).

**Tabla 2-1: Dependencia del ejército alemán (Wehrmacht) de la producción de I.G. Farben (1943):**

| Producto | Producción total alemana | Porcentaje producido por I.G. Farben |
|---|---|---|
| Caucho sintético | 118.600 toneladas | 100 |
| Metanol | 251.000 toneladas | 100 |
| Aceite lubricante | 60.000 toneladas | 100 |
| Colorantes | 31.670 toneladas | 98 |
| Gas venenoso | - | 95 |
| Níquel | 2.000 toneladas | 95 |
| Plásticos | 57.000 toneladas | 90 |
| Magnesio | 27.400 toneladas | 88 |

---

[36] *New York Times*, 21 de octubre de 1945, sección 1, pp. 1, 12.

| Explosivos | 221.000 toneladas | 84 |
| Pólvora | 210.000 toneladas | 70 |
| Alto octanaje (aviación) Gasolina | 650.000 toneladas | 46 |
| Ácido sulfúrico | 707.000 toneladas | 35 |

El Dr. von Schnitzler, del Aufsichsrat de I.G. Farben, hizo la siguiente declaración pertinente en 1943:

> No es exagerado afirmar que sin los servicios de la química alemana realizados en el marco del Plan Cuatrienal la prosecución de la guerra moderna habría sido impensable.[37]

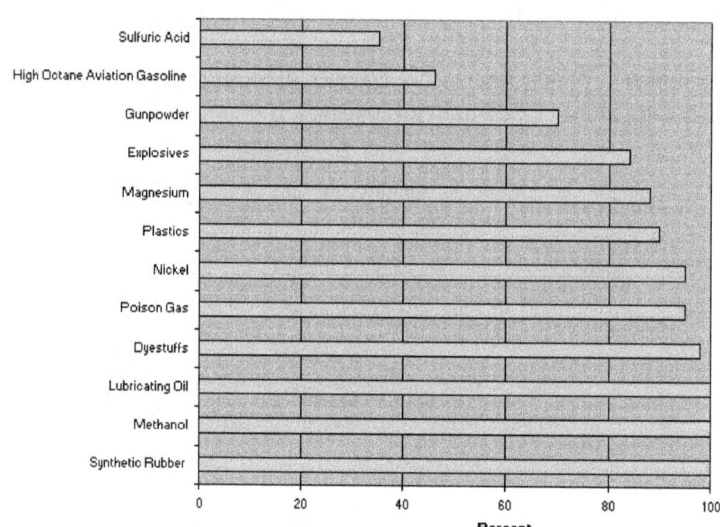

Chart 2-1: German Army (Wehrmacht) Dependence on I.G. Farben Production (1943):

Desgraciadamente, cuando indagamos en los orígenes técnicos de

---

[37] Ibid, p. 947.

los más importantes de estos materiales militares -aparte del apoyo financiero a Hitler- encontramos vínculos con la industria y los empresarios estadounidenses. Había numerosos acuerdos de Farben con firmas americanas, incluyendo acuerdos de comercialización de cartel, acuerdos de patente, e intercambios técnicos como ejemplificado en las transferencias de tecnología de Standard Oil-Ethyl mencionadas arriba. Estos acuerdos fueron utilizados por I.G. para avanzar la política nazi en el extranjero, para recoger información estratégica, y para consolidar un cartel químico mundial.

Uno de los aspectos más horripilantes del cártel de I.G. Farben fue la invención, producción y distribución en del gas Zyklon B, utilizado en los campos de concentración nazis. El Zyklon B era ácido prúsico puro, un veneno letal producido por I.G. Farben Leverkusen y vendido desde la oficina de ventas de Bayer a través de Degesch, titular de una licencia independiente. Las ventas de Zyklon B suponían casi tres cuartas partes del negocio de Degesch; I.G. Farben producía y vendía gas suficiente para matar a 200 millones de seres humanos. El informe del Comité Kilgore de 1942 deja claro que los directores de I.G. Farben tenían un conocimiento preciso de los campos de concentración nazis y del uso de los productos químicos de I.G.. Este conocimiento previo llega a ser significativo cuando consideramos más tarde el papel de los directores americanos en la filial americana de I.G.. El interrogatorio de 1945 del director de I.G. Farben yon Schnitzler dice:

Q. ¿Qué hizo usted cuando le dijeron que se estaban utilizando productos químicos I.G. [sic] para matar, para asesinar a personas retenidas en campos de concentración?

A. Estaba horrorizada.

Q. ¿Hizo algo al respecto?

A. Me lo guardé [para mí] porque era demasiado terrible.... Le pregunté a Muller-Cunradi si usted, Ambros y otros directores de Auschwitz sabían que se utilizaban gases y productos químicos para asesinar a la gente.

Q. ¿Qué le dijo?

A. Sí: es conocido por todos los directores de I.G. en Auschwitz.[38]

I.G. Farben no intentó detener la producción de los gases, una forma bastante ineficaz de von Schnitzler de expresar su preocupación por la vida humana, "porque era demasiado terrible".

La oficina berlinesa N.W. 7 de I.G. Farben era el principal centro de espionaje nazi en el extranjero. La unidad operaba bajo el director de Farben Max Ilgner, sobrino del presidente de I.G. Farben Hermann Schmitz. Max Ilgner y Hermann Schmitz formaban parte del consejo de administración de American I.G., junto con otros directores como Henry Ford, de Ford Motor Company, Paul Warburg, del Bank of Manhattan, y Charles E. Mitchell, del Banco de la Reserva Federal de Nueva York.

Al estallar la guerra en 1939 los empleados de VOWI fueron ordenados a la Wehrmacht pero de hecho continuaron realizando el mismo trabajo que cuando nominalmente estaban bajo I.G. Farben. Uno de los más prominentes de estos trabajadores de inteligencia de Farben en N.W. 7 fue el Príncipe Bernhard de los Países Bajos, que se unió a Farben a principios de los años 30 después de completar un período de 18 meses de servicio en las S.S. de uniforme negro.[39]

El brazo estadounidense de la red de inteligencia VOWI era Chemnyco, Inc. Según el Departamento de Guerra,

> Utilizando los contactos comerciales habituales,

---

[38] *Eliminación de los recursos alemanes.*

[39] Bernhard es hoy más conocido por su papel como presidente de las secretas reuniones denominadas Bilderberger. Véase Congreso de los EE.UU., Cámara de Representantes, Comité Especial de Actividades Antiamericanas, *Investigación de actividades de propaganda nazi e investigación de otras actividades de propaganda.* 73rd Congress, 2nd Session, Hearings No. 73-DC-4. (Washington: Government Printing Office, 1949). (Washington: Government Printing Office, 1934), Volumen VIII, p. 7525.

> *Chemnyco pudo transmitir a Alemania enormes cantidades de material, desde fotografías y planos hasta descripciones detalladas de plantas industriales enteras.*[40]

El vicepresidente de Chemnyco en Nueva York era Rudolph Ilgner, ciudadano estadounidense y hermano del director estadounidense de I, G. Farben, Max Ilgner. En breve, Farben operó VOWI, la operación de inteligencia extranjera nazi, antes de la Segunda Guerra Mundial y la operación VOWI fue asociada con miembros prominentes del Establecimiento de Wall Street por American I.G. y Chemnyco.

El Departamento de Guerra de Estados Unidos también acusó a I.G. Farben y a sus socios estadounidenses de de encabezar los programas de guerra psicológica y económica nazis mediante la difusión de propaganda a través de agentes de Farben en el extranjero, y de proporcionar divisas para esta propaganda nazi. Los acuerdos de cártel de Farben promovieron la guerra económica nazi, siendo el ejemplo más destacado la restricción voluntaria de la Standard Oil de Nueva Jersey al desarrollo del caucho sintético en Estados Unidos a instancias de I. G. Farben. Como dice el informe del Departamento de Guerra:

> *La historia resumida es que, debido a la determinación de Standard Oil de mantener un monopolio absoluto de los desarrollos de caucho sintético en Estados Unidos, cumplió plenamente el propósito de I.G. de impedir la producción estadounidense disuadiendo a las empresas de caucho estadounidenses de emprender investigaciones independientes para desarrollar procesos de caucho sintético.*[41]

En 1945, el Dr. Oskar Loehr, jefe adjunto de I.G. "Tea Buro", confirmó que I. G. Farben y Standard Oil de Nueva Jersey operaban

---

[40] Ibid p. 949.

[41] Ibid p. 952.

un "plan preconcebido" para suprimir el desarrollo de la industria del caucho sintético en Estados Unidos, en beneficio de la Wehrmacht alemana y en perjuicio de Estados Unidos en la Segunda Guerra Mundial.

El testimonio del Dr. Loehr dice (en parte) lo siguiente:

Q. ¿Es cierto que mientras se retrasaba la divulgación de los procesos del buna [caucho sintético] a las empresas estadounidenses del caucho, Chemnyco y Jasco mantenían mientras tanto a I.G. bien informada sobre el desarrollo del caucho sintético en EE.UU.?

A. Sí.

Q. ¿Así que en todo momento I.G. era plenamente consciente del estado del desarrollo de la industria americana del caucho sintético?

A. Sí.

Q. ¿Estuvo usted presente en la reunión de La Haya cuando el Sr. Howard [de Standard Oil] fue allí en 1939?

A. No.

Q. ¿Quién estaba presente?

A. El Sr. Ringer, que estaba acompañado por el Dr. Brown de Ludwigshafen. ¿Le hablaron de las negociaciones?

A. Sí, en la medida en que estaban en la parte de buna.

Q. ¿Es cierto que el Sr. Howard le dijo a I.G. en esta reunión que los acontecimientos en los EE.UU. habían llegado a tal punto que ya no le sería posible mantener la información con respecto a los procesos del buna de las empresas americanas?

A. El Sr. Ringer informó.

Q. ¿Fue en esa reunión que por primera vez el Sr. Howard dijo a I.G. que las compañías de goma americanas podrían tener que ser informadas de los procesos y él aseguró a I.G. que Standard Oil controlaría la industria de goma sintética en los EE.UU.? ¿Es eso correcto?

A. Así es. Ese es el conocimiento que obtuve a través del Sr. Ringer.

Q. ¿Así que en todos estos acuerdos desde el principio del desarrollo de la industria de caucho sintético la supresión de la industria de caucho sintético en los EE.UU. era parte de un plan preconcebido entre I.G. por un lado y Sr. Howard de Standard Oil por otro?

A. Esa es una conclusión que debe extraerse de los hechos anteriores.[42]

I.G. Farben fue el mayor generador de divisas de la Alemania de preguerra, y estas divisas permitieron a Alemania adquirir materias primas estratégicas, equipamiento militar y procesos técnicos, así como financiar sus programas de espionaje, propaganda y diversas actividades militares y políticas en el extranjero que precedieron a la Segunda Guerra Mundial. Actuando en nombre del Estado nazi, Farben amplió su propio horizonte a una escala mundial que mantenía estrechas relaciones con el régimen nazi y el Wehrmaeht. Se creó una oficina de enlace, la *Vermittlungsstelle W*, para mantener las comunicaciones entre I.G. Farben y el Ministerio de Guerra alemán:

> El objetivo de este trabajo es la construcción de un organ izatton apretado para el armamento en el I.G. que podría ser insertado sin dificultad en la organización existente del I.G. y las plantas individuales. En el caso de guerra, I.G. será tratado por las autoridades concernidas con cuestiones de armamento como una planta grande que, en su tarea para el armamento, en la medida en que es posible hacerlo del punto de vista técnico, se regulará sin

---

[42] Ibid p. 1293.

> *cualquier influencia organizativa de fuera (el trabajo en esta dirección era en principio acordado con el Ministerio de Guerra Wehrwirtschaftsant) y de esta oficina con el Ministerio de Economía. Al campo del trabajo del Vermittlungsstelle W pertenece, además de la disposición organizativa y la planificación a largo plazo, la colaboración continua con respecto al armamento y las cuestiones técnicas con las autoridades del Reich y con las plantas del I.G.*[43]

Desafortunadamente los archivos de las oficinas de Vermittlungsstelle fueron destruidos antes del fin de la guerra, aunque es sabido de otras fuentes que a partir de 1934 una red compleja de transacciones evolucionó entre I.G. y el Wehrmacht. En 1934 I. G. Farben comenzó a movilizarse para la guerra, y cada planta de I.G. preparó sus planes de producción de guerra y presentó los planes a los Ministerios de Guerra y Economía. Por 1935-6 juegos de guerra fueron tenidos en plantas de I.G. Farben y procedimientos técnicos de tiempo de guerra ensayados.[44] Estos juegos de guerra fueron descritos por Dr. Struss, jefe del Secretariado del Comité Técnico de I.G.:

> *Es cierto que desde 1934 o 1935, poco después del establecimiento del Vermittlungsstelle W en las diferentes fábricas, se habían organizado juegos teóricos de plantas de guerra para examinar cómo se materializaría el efecto de los bombardeos sobre determinadas fábricas. Se tuvo especialmente en cuenta qué ocurriría si cayeran bombas de 100 o 500 kilos sobre una determinada fábrica y cuál sería el resultado de ello. También es correcto que se utilizara para ello la palabra Kriegsspiele.*
>
> *Las Kriegsspiele fueron preparadas por el Sr. Ritter y el Dr. Eckell, más tarde en parte por el Dr. yon Brunning*

---

[43] Ibid p. 954.
[44] Ibid p. 954.

> *por orden personal por iniciativa propia del Dr. Krauch o por orden de la Fuerza Aérea, no me consta. Las tareas fueron dadas en parte por la Vermittlung-sstelle W y en parte por oficiales de la Fuerza Aérea. Varios oficiales de todos los grupos de la Wehrmacht (Armada, Fuerza Aérea y Ejército) participaron en estos Kriegsspiele.*
>
> *Los lugares alcanzados por las bombas se marcaron en un plano de la planta para poder determinar qué partes de la planta habían resultado dañadas, por ejemplo un contador de gas o una tubería importante. En cuanto terminó el bombardeo, la dirección de la planta determinó los daños e informó de qué parte de la planta tenía que dejar de funcionar; además, informó del tiempo que se necesitaría para reparar los daños. En una reunión posterior se describieron las consecuencias de la Kriegsspiele y se comprobó que, en el caso de Leuna [planta], los daños eran considerablemente elevados; sobre todo, se descubrió que había que realizar modificaciones en las tuberías con un coste considerable.*[45]

En consecuencia, a lo largo de la década de 1930 I. G. Farben hizo algo más que cumplir las órdenes del régimen nazi. Farben fue iniciador y operador de los planes nazis para la conquista del mundo. Farben actuó como organización de investigación e inteligencia para el Ejército alemán e inició voluntariamente proyectos de la Wehrmacht. De hecho, el Ejército rara vez tuvo que dirigirse a Farben; se calcula que entre el 40 y el 50 por ciento de los proyectos de Farben para el Ejército fueron iniciados por la propia Farben. En resumen, en palabras del Dr. von Schnitzler:

> *Así, actuando como había hecho, I.G. contrajo una gran responsabilidad y constituyó una ayuda substancial en el dominio químico y una ayuda decisiva a la política exterior de Hitler, que llevó a la guerra y a la ruina de Alemania. Así, debo concluir que I.G. es en gran parte*

---

[45] Ibid, pp. 954-5.

*responsable de la política de Hitler.*

## Pulir la imagen pública de I. G. Farben

Esta miserable imagen de la preparación militar previa a la guerra era conocida en el extranjero y tenía que venderse -o disfrazarse- al público estadounidense para facilitar la recaudación de fondos en Wall Street y la asistencia técnica en nombre de I. G. Farben en Estados Unidos. Se eligió a una destacada empresa de relaciones públicas de Nueva York para la tarea de vender la combinación I.G. Farben a Estados Unidos. La empresa de relaciones públicas más destacada de finales de los años veinte y treinta era Ivy Lee & T.J. Ross, de Nueva York. Ivy Lee había emprendido previamente una campaña de relaciones públicas para los Rockefeller, con el fin de engrandecer el nombre de Rockefeller entre el público estadounidense. La empresa también había producido un libro sinfántico titulado *USSR, en el que* emprendía la misma tarea de limpieza para la Unión Soviética, incluso cuando los campos de trabajo soviéticos estaban en pleno apogeo a finales de los años veinte y principios de los treinta.

A partir de 1929 Ivy Lee se convirtió en asesora de relaciones públicas de I. G. Farben en Estados Unidos. En 1934 Ivy Lee prestó testimonio ante el Comité de Actividades Antiamericanas de la Cámara de Representantes sobre este trabajo para Farben.[46] Lee testificó que I.G. Farben estaba afiliado con la firma American Farben y "The American I.G. es un holding con directores tales como Edsel Ford, Walter Teagle, uno de los oficiales del City Bank...." Lee explicó que le pagaban 25.000 dólares al año en virtud de un contrato firmado con Max Ilgner de I.G. Farben. Su trabajo consistía en contrarrestar las críticas vertidas contra I.G. Farben dentro de Estados Unidos. El consejo dado por Ivy Lee a Farben sobre este problema era bastante aceptable:

---

[46] Congreso de Estados Unidos. House of Representatives, Special Committee on Un-American Activities, *Investigation of Nazi Propaganda Activities* and *Investigation of Certain Other Propaganda Activities*, op. cit.

> *En primer lugar, les he dicho que jamás en el mundo podrían conseguir que el pueblo estadounidense se reconciliara con el trato que dieron a los judíos: que eso era simplemente ajeno a la mentalidad estadounidense y nunca podría justificarse ante la opinión pública estadounidense, y que era inútil intentarlo.*
>
> *En segundo lugar, todo lo que tuviera sabor a propaganda nazi en este país era un error y no debía hacerse. Nuestra gente lo considera una intromisión en los asuntos americanos, y fue un mal negocio.*[47]

El pago inicial de 4.500 dólares a Ivy Lee en virtud de este contrato fue realizado por Hermann Schmitz, presidente de I.G. Farben en Alemania. Se depositó en la New York Trust Company a nombre de I. G. Chemic (o la "I.G. suiza", como la denominaba Ivy Lee).

Sin embargo, el segundo y mayor pago de $14.450 fue hecho por William von Rath de American I.G. y también depositado por Ivy Lee en New York Trust Company, para el crédito de su cuenta personal. (La cuenta de la empresa estaba en el Chase Bank.) Este punto sobre el origen de los fondos es 'importante cuando consideramos la identidad de los directores de American I.G., porque el pago por American I.G. significaba que la mayor parte de los fondos de propaganda nazi no eran de origen alemán. *Eran fondos americanos ganados en los Estados Unidos y bajo el control de directores americanos, aunque utilizados para la propaganda nazi en los Estados Unidos.*

En otras palabras, la mayor parte de los fondos de propaganda nazi manejados por Ivy *Lee no* fueron importados de Alemania. El uso que se dio a estos fondos estadounidenses salió a la luz en el interrogatorio del Comité de Actividades Antiamericanas de la Cámara de Representantes:

Sr. DICKSTEIN. Según tengo entendido, ¿usted declaró que no

---

[47] Ibid, p. 178.

recibió propaganda alguna y que no tuvo nada que ver con la distribución de propaganda en este país?

Sr. LEE. No testifiqué que no recibiera nada, Sr. Dickstein.

Sr. DICKSTEIN. Eliminaré esa parte de la pregunta, entonces.

Sr. LEE. Testifiqué que no difundí nada.

Sr. DICKSTEIN. ¿Ha recibido o ha recibido su empresa en algún momento literatura propagandística de Alemania?

Sr. LEE. Sí, señor.

Sr. DICKSTEIN. ¿Y cuándo fue eso?

Sr. LEE. Oh, hemos recibido - es una cuestión de lo que usted llama propaganda. Hemos recibido una inmensa cantidad de literatura.

Sr. DICKSTEIN. ¿No sabe qué era esa literatura y qué contenía?

Sr. LEE. Hemos recibido libros y panfletos y recortes de periódicos y documentos, mundo sin fin.

Sr. DICKSTEIN. Supongo que alguien de su oficina iría a y vería qué eran.

Sr. LEE. Sí, señor.

Sr. DICKSTEIN. Y después de averiguar lo que eran, supongo que guardó copias de ellos.

Sr. LEE. En algunos casos, sí; y en otros, no. Una gran cantidad de ellos, por supuesto, estaban en alemán, y yo tenía lo que mi hijo me envió. Dijo que eran interesantes y significativos, y los que yo había traducido o extractos de ellos hechos.[48]

Por último, Ivy Lee contrató a Burnham Carter para que estudiara los informes de los nuevos periódicos estadounidenses sobre Alemania y preparara respuestas pro-nazis adecuadas. Hay que señalar que esta literatura alemana no era literatura de Farben, era literatura oficial de Hitler:

Sr. DICKSTEIN. En otras palabras, ustedes reciben este material que trata de las condiciones alemanas de hoy: Usted lo examina y les aconseja. No tiene nada que ver con el Gobierno alemán, aunque el material, la literatura, es literatura oficial del régimen de Hitler. Eso es correcto, ¿no?

Sr. LEE. Bueno, una buena parte de la literatura no era oficial.

Sr. DICKSTEIN. No era literatura I.G., ¿verdad?

Sr. LEE. No; I.G. me lo envió.

Sr. DICKSTEIN. ¿Puede mostrarnos un trozo de papel que haya llegado aquí que tenga algo que ver con el I.G.?

Sr. LEE. Ah, sí. Publican una buena cantidad de literatura. Pero no quiero plantear la cuestión. No hay duda de que bajo su autoridad he recibido una inmensa cantidad de material que procedía de fuentes oficiales y no oficiales.

Sr. DICKSTEIN. Exactamente. En otras palabras, el material que fue enviado aqui por el I.G. era material difundido - lo llamariamos propaganda t por autoridad del gobierno aleman. Pero la distinción que usted hace en su declaración es, como yo lo entiendo, que el Gobierno alemán no lo envió a usted directamente; que fue enviado a usted por el I.G.

---

[48] Ibid, p. 183.

Sr. LEE. Correcto.

Sr. DICKSTEIN. Y no tenía nada que ver con sus relaciones de negocios en este momento.

Sr. LEE. Así es.

## La estadounidense I.G. Farben

¿Quiénes eran los destacados financieros del establishment de Wall Street que dirigían las actividades de American I.G., la filial de I.G. Farben en Estados Unidos que promovía la propaganda nazi?

Entre los directivos estadounidenses de I.G. Farben se encontraban algunos de los miembros más destacados de Wall Street. Los intereses alemanes volvieron a entrar en Estados Unidos después de la Primera Guerra Mundial y superaron con éxito las barreras diseñadas para mantener a I.G. fuera del mercado estadounidense. Ni la confiscación de patentes alemanas, ni el establecimiento de la Fundación Química, ni los altos muros arancelarios supusieron un gran problema.

En 1925, General Dyestuff Corporation se estableció como agente de venta exclusivo de los productos fabricados por Gasselli Dyestuff (rebautizada General Aniline Works, Inc., en 1929) e importados de Alemania. Las acciones de General Aniline Works se transfirieron en 1929 a American I.G. Chemical Corporation y posteriormente, en 1939, a General Aniline & Film Corporation, en la que se fusionaron American I.G. y General Aniline Works. American I.G. y su sucesora, General Aniline & Film, es la unidad a través de la cual se mantuvo el control de las empresas de I.G. en Estados Unidos. La autorización de acciones de American I.G. era de 3.000.000 de acciones ordinarias A y 3.000.000 de acciones ordinarias B. A cambio de intereses de acciones en General Aniline Works y Agfa-Ansco Corporation, I.G. Farben en Alemania recibió todas las acciones B y 400.000 acciones A. Se vendieron 30 millones de dólares en bonos convertibles al público estadounidense, garantizados en cuanto a capital e intereses por la I.G. Farben alemana, que recibió una opción de compra de

1.000.000 de acciones A adicionales.

**Cuadro 2-2: Los directores de American I.G. en 1930: American I,G.**

| American I,G. Director | Ciudadanía | Otras asociaciones importantes |
|---|---|---|
| Carl BOSCH | Alemán | FORD MOTOR CO. A-G |
| Edsel B. FORD | EE.UU. | FORD MOTOR CO. DETROIT |
| Max ILGNER | Alemán | Dirigió la oficina I.G. FARBEN N.W.7 (INTELIGENCIA). Culpable en los juicios por crímenes de guerra de Nuremberg. |
| F. Ter MEER | Alemán | Culpable en los juicios por crímenes de guerra de Núremberg |
| H.A. METZ | EE.UU. | Director de I.G. Farben Alemania y BANCO DE MANHATTAN (EE.UU.) |
| C.E. MITCHELL | EE.UU. | Director del FEDERAL RESERVE BANK OF N.Y. y del NATIONAL CITY BANK |
| Herman SCHMITZ | Alemán | En los consejos de administración de I.G. Farben (Presidente) (Alemania) Deutsche Bank (Alemania) y BANK FOR INTERNATIONAL SETTLEMENTS. Culpable en los juicios por crímenes de guerra de Nuremberg. |
| Walter TEAGLE | EE.UU. | Director FEDERAL RESERVE BANK OF NEW YORK y STANDARD OIL OF NEW JERSEY |
| W.H. yon RATH | Naturalizado | Director de GERMAN GENERAL U.S. ELECTRIC (A.E.G.) |
| Paul M. WARBURG | EE.UU. | Primer miembro del FEDERAL RESERVE BANK OF NEW YORK y del BANK OF MANHATTAN |
| W.E. WEISS | EE.UU. | Productos Sterling |

*Fuente:* Moody's Manual of Investments; 1930, p. 2149.

*Nota:* Walter DUISBERG (EE.UU.), W. GRIEF (EE.UU.) y Adolf KUTTROFF (EE.UU.) también fueron directores de la estadounidense I.G. Farben en este periodo.

La dirección de American I.G. (más tarde General Aniline) fue dominada por I.G. o funcionarios anteriores de I.G.. (Ver Tabla 9..9..) Hermann Schmitz sirvió como presidente de 1929 a 1936 y entonces fue sucedido por su hermano, Dietrich A. Schmitz, un ciudadano americano naturalizado, hasta 1941. Hermann Schmitz, que también fue director del Banco de Pagos Internacionales, la "cúspide" del sistema de control financiero internacional. Permaneció como presidente del consejo de administración de 1936 a 1939.

El consejo de administración original contaba con nueve miembros que eran o habían sido miembros del consejo de I.G. Farben en Alemania (Hermann Schmitz, carl Bosch, Max Ilgner, Fritz ter Meer y Wilfred Grief), o que habían trabajado anteriormente para I.G. Farben en Alemania (Walter Duisberg, Adolph Kuttroff, W.H. yon Rath y Herman A. Metz). Herman A. Metz era ciudadano estadounidense, demócrata acérrimo en política y antiguo interventor de la ciudad de Nueva York. Un décimo, W.E. Weiss, había sido contratado por I.G.

Los directores de American I.G. no sólo eran prominentes en Wall Street y la industria estadounidense, sino que, lo que es más importante, procedían de unas pocas instituciones muy influyentes:

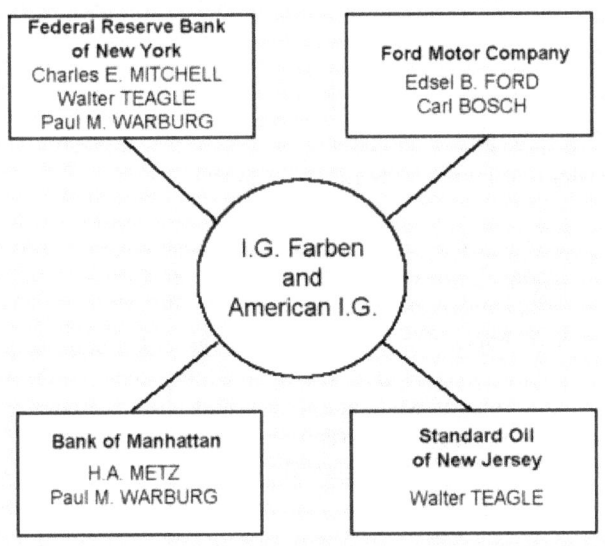

Los cuatro miembros restantes del consejo de American I.G. eran destacados ciudadanos estadounidenses y miembros de la élite financiera de Wall Street: C.E. Mitchell, presidente del National City Bank y del Banco de la Reserva Federal de Nueva York; Edsel B. Ford, presidente de Ford Motor Company; W.C. Teagle, otro directivo de Standard Oil of New Jersey; y, Paul Warburg, primer miembro del Banco de la Reserva Federal de Nueva York y presidente del Bank of Manhattan Company.

Los directores de American I.G. no sólo eran prominentes en Wall Street y la industria estadounidense, sino que, lo que es más importante, procedían de unas pocas instituciones muy influyentes. (Véase el gráfico anterior).

Entre 1929 y 1939 había cambios en la composición de la junta de American I.G. El número de directores varió de vez en cuando, aunque una mayoría siempre tenía antecedentes o conexiones de I.G., y la junta nunca tenía menos de cuatro directores americanos. En 1939 - presumiblemente mirando adelante a la Segunda Guerra

Mundial - un esfuerzo fue hecho para dar la junta una complexión más americana, pero a pesar de la dimisión de Hermann Schmitz, Carl Bosch, y Walter Duisberg, y el nombramiento de siete nuevos directores, siete miembros todavía pertenecieron al grupo de I.G.. Este predominio de I.G. aumentó durante 1940 y 1941 a medida que los directores americanos, incluido Edsel Ford, se dieron cuenta de la insalubridad política de I.G. y dimitieron.

De estas pruebas se desprenden varias observaciones básicas. En primer lugar, el consejo de American I.G. tenía tres directores del Banco de la Reserva Federal de Nueva York, el más influyente de los diversos bancos de la Reserva Federal. American I.G. también tenía vínculos con Standard Oil de Nueva Jersey, Ford Motor Company, Bank of Manhattan (que más tarde se convertiría en Chase Manhattan) y A.E.G. (German General Electric). En segundo lugar, tres miembros de la junta de esta I.G. estadounidense fueron declarados culpables en los Juicios por Crímenes de Guerra de Núremberg. Estos eran los miembros alemanes, no los americanos. Entre estos alemanes estaba Max Ilgner, director de la oficina de I.G. Farben N.W. 7 en Berlin, es *decir,* la oficina de inteligencia nazi antes de la guerra. Si los directores de una corporación son colectivamente responsables de las actividades de la corporación, entonces los directores estadounidenses también deberían haber sido juzgados en Nuremberg, junto con los directores alemanes, es decir, si el propósito de los juicios era determinar la culpabilidad de guerra. Por supuesto, si el propósito de los juicios hubiera sido desviar la atención de la implicación de Estados Unidos en el ascenso de Hitler al poder, lograron muy bien tal objetivo.

# Capítulo III

## General Electric Fondos Hitler

> *Entre las primeras medidas fascistas de Roosevelt estaba la Ley de Recuperación de la Industria Nacional (NRA) del 16 de junio de 1933. Merece la pena repetir los orígenes de este plan. Estas ideas fueron sugeridas por primera vez por Gerard Swope de la General Electric Company... a continuación fueron adoptadas por la Cámara de Comercio de los Estados Unidos...*
>
> (Herbert Hoover, The Memoirs of Herbert Hoover: The Great Depression, 1929-1941, Nueva York: The Macmillan Company, 1952, p. 420)

El gigante multinacional General Electric desempeña un papel sin parangón en la historia del siglo XX. La General Electric Company electrificó la Unión Soviética en las décadas de 1920 y 1930, y cumplió para los soviéticos el dictado de Lenin de que "Socialismo = electrificación".[49] El Plan Swope, creado por el que fuera presidente de General Electric, Gerard Swope, se convirtió en el New Deal de Franklin D. Roosevelt, mediante un proceso deplorado por el que fuera presidente Herbert Hoover y descrito en *Wall Street y FDR*.[50] Hubo una relación íntima y duradera entre Swope y Young de General Electric Company y la familia Roosevelt, como la hubo entre General Electric y la Unión Soviética. En 1936 el senador James A. Reed de Missouri, uno de los primeros partidarios de

---

[49] Para los detalles técnicos, véase el estudio en tres volúmenes, Antony C. Sutton, *Western Technology and Soviet Economic Development*, (Stanford, California: Hoover Institution Press, 1968, 1971), 1973), en adelante citado como *Western Technology Series*.

[50] (Nueva York: Arlington House Publishers, 1975)

Roosevelt, se dio cuenta de la traición de Roosevelt a las ideas liberales y atacó el programa New Deal de Roosevelt como una medida "tiránica" "que conduce al despotismo, [y] buscada por sus patrocinadores bajo el grito comunista de 'Justicia Social'". El senador Reed acusó además en el pleno del Senado a Franklin D. Roosevelt de ser un "hombre a sueldo de los monárquicos económicos" de Wall Street y de que la familia Roosevelt "es uno de los mayores accionistas de la General Electric Company."[51]

Al indagar entre bastidores en la historia alemana de entreguerras y en la historia de Hitler y el nazismo, encontramos tanto a Owen D. Young como a Gerard Swope, de General Electric, vinculados al ascenso del hitlerismo y a la supresión de la democracia alemana. El hecho de que los directores de General Electric se encuentren en cada una de estas tres categorías históricas distintas -es decir, el desarrollo de la Unión Soviética, la creación del New Deal de Roosevelt y el ascenso del hitlerismo- sugiere cómo los elementos de las grandes empresas están profundamente interesados en la socialización del mundo, para sus propios fines y objetivos, en lugar del mantenimiento del mercado imparcial en una sociedad libre.[52] General Electric se benefició generosamente del bolchevismo, del socialismo del New Deal de Roosevelt y, como veremos más adelante, del nacionalsocialismo en la Alemania de Hitler.

### General Electric en Weimar (Alemania)

Walter Rathenau fue, hasta su asesinato en 1922, director general de Allgemeine Elekrizitats Gesellschaft (A.E.G.), o General Electric alemana, y al igual que Owen Young y Gerard Swope, sus homólogos en Estados Unidos, fue un destacado defensor del socialismo corporativo. Walter Rathenau habló públicamente en

---

[51] *New York Times*, 6 de octubre de 1936. Véase también Antony C. Sutton, *Wall Street and FDR*, op. cit.

[52] Por supuesto, el alegato socialista de los empresarios sigue entre nosotros. Testigo de los gritos heridos cuando el Presidente Ford propuso la desregulación de las aerolíneas y el transporte por carretera. Véase, por ejemplo, *Wall Street Journal*, 25 de noviembre de 1975.

contra de la competencia y la libre empresa, ¿Por qué? Porque tanto Rathenau como Swope querían la protección y la cooperación del Estado para sus propios objetivos y beneficios corporativos. (Pero, por supuesto, no para los objetivos y beneficios de los demás.) Rathenau expresó su alegato en *La nueva economía política*:

> *La nueva economía no será, como hemos visto, una economía estatal o gubernamental, sino una economía privada comprometida con un poder cívico de resolución que, sin duda, requerirá la cooperación estatal para la consolidación orgánica que supere las fricciones internas y aumente la producción y la resistencia.*[53]

Cuando desentrañamos la turbia prosa de Rathenau, esto significa que el poder del Estado debía ponerse a disposición de las empresas privadas para sus propios fines corporativos, *es decir*, lo que popularmente se conoce como socialismo nacional. Rathenau se pronunció públicamente contra la competencia y la libre empresa. herencia".[54] No su *propia* riqueza, por lo que se puede determinar, sino la riqueza de otros que carecían de tirón político en el aparato del Estado.

Owen D. Young, de General Electric, fue uno de los tres delegados estadounidenses en la reunión de 1923 del Plan Dawes que estableció el programa alemán de reparaciones. Y en los Planes Dawes y Young podemos ver cómo algunas empresas privadas pudieron beneficiarse del poder del Estado. Los mayores préstamos individuales de Wall Street a Alemania durante la década de 1920 fueron préstamos para reparaciones; en última instancia, fue el inversor estadounidense quien pagó las reparaciones alemanas. La cartelización de la industria eléctrica alemana bajo A.E.G. (así como las industrias siderúrgica y química analizadas en los capítulos uno y dos) fue posible gracias a estos préstamos de Wall Street:

---

[53] Traducción mimeografiada en la Hoover Institution Library, p. 67. Véase también Walter Rathenau, *In Days to Come*, (Londres: Allen & Unwin, s.f.)

[54] Ibid, p. 249.

| Fecha de la oferta | Prestatario | Gestionar un banco en EE.UU. | Importe nominal de la emisión |
|---|---|---|---|
| 26 de enero de 1925 | Allgemeine Elektrizitats-Gesellschaft (A. E, G.) | National City Co. | $10,000,000 |
| 9 de diciembre de 1925 | Allgemeine National City Co. Elektrizitats-Gesellschaft (A. E.G.) | | $10,000,000 |
| 22 de mayo de 1928 | Allgemeine Elektrizitats-Gesellschaft (A.E.G.) | National City Co. | $10,000,000 |
| 7 de junio de 1928 | Allgemeine Elektrizitats-Gesellschaft (A. E.G.) | National City Co. | $5,000,000 |

En 1928, en las reuniones sobre las reparaciones del Plan Young, encontramos al presidente de General Electric, Owen D. Young, en la silla como principal delegado estadounidense, designado por el gobierno de Estados Unidos para utilizar el poder y el prestigio del gobierno estadounidense para decidir asuntos financieros internacionales que realzan los beneficios de Wall Street y General Electric. En 1930 Owen D. Young, que dio nombre al Plan Young de reparaciones alemanas, se convirtió en presidente del Consejo de Administración de General Electric Company en Nueva York. Young fue también presidente del Comité Ejecutivo de Radio Corporation of America y director de German General Electric (A.E.G.) y Osram en Alemania. Young también formó parte de los consejos de otras grandes empresas estadounidenses, como General Motors, NBC y RKO; fue consejero de la National Industrial Conference Board, director de la Cámara de Comercio Internacional y vicepresidente del consejo del Banco de la Reserva Federal de Nueva York.

Gerard Swope fue presidente y director de General Electric Company, así como de empresas asociadas francesas y alemanas, entre ellas A.E.G. y Osram en Alemania. Swope también fue director de RCA, NBC y el National City Bank de Nueva York. Otros directores de International General Electric en esta época reflejan el control de Morgan sobre la empresa, y tanto Young como Swope eran conocidos generalmente como los representantes de Morgan en el consejo de G.E., que incluía a Thomas Cochran, otro socio de la firma J.P. Morgan. El director de General Electric Clark Haynes Minor fue presidente de International General Electric en la década de 1920. Otro director era Victor M. Cutter, del First National Bank de Boston y figura de las "revoluciones *bananeras*" en América Central.

A finales de la década de 1920, Young, Swope y Minor, de International General Electric, se introdujeron en la industria eléctrica alemana y obtuvieron, si no el control, como algunos han señalado, al menos una participación sustancial en los asuntos internos de A.E.G. y Osram. En julio de 1929 se llegó a un acuerdo entre General Electric y tres empresas alemanas -A.E.G., Siemens & Halske y Koppel and Company- que poseían todas las acciones de Osram, el fabricante de bombillas eléctricas. General Electric compró el 16% de las acciones de Osram y llegó a un acuerdo conjunto para el control internacional de la producción y comercialización de bombillas eléctricas. Clark Minor y Gerard Swope se convierten en directores de Osram.[55]

En julio de 1929, los rumores que circulaban en los círculos financieros alemanes de que General Electric también estaba comprando A.E.G. y que se estaban llevando a cabo conversaciones con este fin entre A.E.G. y G.E.[56]. En agosto se confirmó que se iban a emitir 14 millones de marcos de acciones ordinarias de A.E.G. a favor de General Electric. Estas acciones, sumadas a las compradas en el mercado libre, otorgaron a General Electric una participación del 25% en A.E.G. Se firmó un acuerdo de colaboración más estrecha entre las dos empresas, que proporcionaba a la empresa alemana tecnología y patentes estadounidenses. En las noticias se hacía hincapié en que A.E.G. no tendría participación en G.E., pero que por otro lado G.E. financiaría la expansión de A.E.G. en Alemania.[57] La prensa financiera alemana también señaló que no había representación de A.E.G. en el consejo de administración de

---

[55] *New York Times*, 2 de julio de 1929.

[56] Ibid, 28 de julio de 1929.

[57] Ibid, 2 de agosto de 1929 y 4 de agosto de 1929.

G.E. en Estados Unidos, pero que cinco estadounidenses formaban parte ahora del consejo de administración de A.E.G. El *Vossische Zeitung* registró,

> La industria eléctrica estadounidense ha conquistado el mundo, y sólo algunos de los bastiones opositores que quedan han podido resistir el embate...[58]

En 1930, sin que lo supiera la prensa financiera alemana, General Electric se había hecho igualmente con un monopolio técnico efectivo de la industria eléctrica soviética y pronto iba a penetrar incluso en los bastiones que quedaban en Alemania, en particular el grupo Siemens. En enero de 1930, tres hombres de G.E. fueron elegidos miembros del consejo de administración de A.E.G. -Clark H. Minor, Gerard Swope y E. H. Baldwin- e International General Electric (I.G.E.) prosiguió sus maniobras para fusionar la industria eléctrica mundial en un gigantesco cártel bajo el control de Wall Street.

En febrero, General Electric se centró en el gigante eléctrico alemán que quedaba, Siemens & Halske, y aunque pudo obtener un gran paquete de obligaciones emitidas en nombre de la empresa alemana por Dillon, Read de Nueva York, G.E. no pudo conseguir participación o directores en el consejo de Siemens. Aunque la prensa alemana reconoció incluso este control limitado como "un acontecimiento económico histórico de primer orden y un paso importante hacia un futuro consorcio eléctrico mundial",[59] Siemens mantuvo su independencia de General Electric, y esta independencia es importante para nuestra historia. The *New York Times* informó,

> Toda la prensa hace hincapié en el hecho de que Siemens, contrariamente a A.E.G., mantiene su independencia de cara al futuro y señala que ningún representante de General Electric formará parte del

---

[58] Ibid, 6 de agosto de 1929.

[59] Ibid, 2 de febrero de 1930.

*consejo de administración de Stemen.*[60]

No hay pruebas de que Siemens, ni a través de Siemens & Halske ni de Siemens-Schukert, participara directamente en la financiación de Hitler. Siemens contribuyó a Hitler sólo ligeramente y de forma indirecta a través de una participación accionarial en Osram. Por otro lado, tanto A.E.G. como Osram financiaron directamente a Hitler a través de la Nationale Treuhand de forma sustancial. Siemens mantuvo su independencia a principios de los años 30 en mientras que tanto A.E.G. como Osram estaban bajo dominio estadounidense y con directores estadounidenses. *No hay pruebas de que Siemens, sin directores americanos, financiara a Hitler. Por otro lado, tenemos pruebas documentales irrefutables (véase la página 56) de que tanto la alemana General Electric como Osram, ambas con directores estadounidenses, financiaron a Hitler.*

En los meses siguientes al intento de absorción de Siemens por Wall Street, se aclaró la pauta de una confianza mundial en desarrollo en la industria eléctrica; se puso fin a las luchas internacionales por las patentes y la participación de G.E. en A.E.G. aumentó hasta casi el 30%.[61]

---

[60] Ibid, 2 de febrero de 1930.

[61] Ibid, 11 de mayo de 1930. Sobre las maquinaciones de General Electric, Osram y la empresa holandesa N.V. Philips Gloeilampenfabrieken de Eindhoven (Holanda) antes de la guerra, véase el capitulo 11, "Electric Eels", en James Stewart Martin, *op cit.* Martin fue Jefe de la División de Guerra Económica del Departamento de Justicia de Estados Unidos y comenta que "La A.E.G. de Alemania estaba controlada en gran parte por la empresa estadounidense General Electric". La suposición de este autor es que la influencia de G.E. era algo menos que controladora aunque bastante sustancial. Debido al cargo oficial de Martin y a su acceso a documentos oficiales, que el autor no conoce, su afirmación de que A.E.G. estaba "controlada en gran medida" por la estadounidense General Electric no puede descartarse a la ligera. Sin embargo, si aceptamos que G.E. "controlaba en gran medida" A.E.G., entonces surgen las cuestiones más serias que claman por una investigación. A.E.G. fue uno de los principales financiadores de Hitler y el "control" implicaría más profundamente a la empresa matriz estadounidense de lo que

En consecuencia, a principios de la década de 1930, cuando Hitler se preparaba para hacerse con el poder dictatorial en Alemania -con el respaldo de algunos industriales alemanes y estadounidenses, aunque no de todos-, la German General Electric (A.E.G.) era propiedad de International General Electric (alrededor del 30 por ciento), la Gesellschaft für Electrische Unternemungen (25 por ciento) y Ludwig Lowe (25 por ciento). International General Electric también tenía una participación de alrededor del 16 2/3 por ciento en Osram, y una influencia indirecta adicional en las empresas vinculadas a German General Electric a través de Common Electric Directors:

| Empresas vinculadas a la alemana General Electric a través de directivos comunes de Electric | Directores de German General Electric (A.E.G.) | Relación de la empresa vinculada con la financiación de Hitler |
| --- | --- | --- |
| Accumulatoran-Fabrik | Quandt Pfeffer | Financiación directa |
| Osram | Mamroth Peierls | Financiación directa |
| Deutschen Babcock-Wilcox | Landau | No se conoce |
| Vereinigte Stahlwerke | Wolff Nathan Kirdorf Goldschmidt | Financiación directa |
| Krupp | Nathan Klotzbach | Financiación directa |
| I.G. Farben | Bucher Flechtheim von Rath | Financiación directa |
| Allianz u. Stuttgarten Verein | von Rath Wolff | Notificado, pero no confirmado |
| Phoenix | Fahrenhorst | Financiación directa |
| Thyssen | Fahrenhorst | Financiación directa |
| Demag | Fahrenhorst Flick | Financiación directa |

sugieren las pruebas presentadas aquí.

| | | |
|---|---|---|
| Dynamit Gelsenkirchener | Flechtheim Kirdorf | A través de I.G. Farben |
| Bergwerks | Flechtheim | Financiación directa |
| General Electric Internacional | Joven Swope Menor Baldwin | A través de A.E.G. |
| I.G. Farben estadounidense | von Rath | A través de I.G. Farben |
| Banco Internacional (Amsterdam) | H. Furstenberg Goldschmidt | No se conoce |

Osram a través de los directores de A.E.G. En el consejo de A.E,G., aparte de los cuatro directores estadounidenses (Young, Swope, Minor y Baldwin), encontramos a Pferdmenges de Oppenheim & Co. (otro financiero de Hitler), y a Quandt, que poseía el 75 por ciento de Accumlatoren- Fabrik, un importante financiero directo de Hitler. En otras palabras, entre los miembros alemanes del consejo de A.E.G. encontramos representantes de varias de las empresas alemanas que financiaron a Hitler en las décadas de 1920 y 1930.

### General Electric y la financiación de Hitler

La raíz del socialismo corporativo moderno está profundamente arraigada en la gestión de dos empresas multinacionales afiliadas: General Electric Company en Estados Unidos y sus asociadas extranjeras, incluyendo German General Electric (A.E.G.), y Osram en Alemania. Hemos señalado que Gerard Swope, segundo presidente y presidente de General Electric, y Walter Rathenau de A.E.G. promovieron ideas radicales para el control del Estado por intereses empresariales privados.

A partir de 1915, International General Electric (I.G.E.), con sede en el 120 de Broadway en Nueva York, actuó como organización de inversión, fabricación y venta en el extranjero para General Electric Company. I.G.E. tenía intereses en empresas de fabricación extranjeras, incluida una participación del 25 al 30 por ciento en German General Electric (A.E.G.), además de participaciones en Osram G.m.b.H. Kommanditgesellschaft, también en Berlín. Estas participaciones dieron a International General Electric cuatro directores en el consejo de A.E.G., y otro director en Osram, y una influencia significativa en las políticas internas de estas empresas alemanas. La importancia de esta participación de General Electric es que A.E.G. y Osram fueron importantes proveedores de fondos para Hitler en su ascenso al poder en Alemania en 1933. Un resguardo de transferencia bancaria fechado el 2 de marzo de 1933 de A.E.G. a Delbruck Schickler & Co. en Berlín solicita que se depositen 60.000 Reichsmark en la cuenta "Nationale Treuhand" (Fideicomiso Nacional) para uso de Hitler. Este resguardo se reproduce a continuación.

I.G. Farben era el más importante de los patrocinadores financieros domésticos de Hitler, y (como notado en otra parte) I.G. Farben controlaba American I.G. Además, varios directores de A.E.G. estaban también en la junta de I.G. Farben - es decir, Hermann Bucher, presidente de A.E.G. estaba en la junta de I.G. Farben; también eran directores de A.E.G. Julius Flechtheim y Walter von Rath. I.G. Farben aportó el 30 por ciento del fondo de fideicomiso (o adquisición) nacional de Hitler en 1933.

Walter Fahrenhorst de A.E.G. también estaba en el consejo de Phoenix A-G, Thyssen A-G y Demag A-G - y todos eran contribuyentes al fondo de Hitler. Demag A-G contribuyó con 50.000 RM al fondo de Hitler y tenía un director en A.E.G., el famoso Friedrich Flick, uno de los primeros partidarios de Hitler, que más tarde fue condenado en los juicios de Nuremberg. Accumulatoren Fabrik A-G era un contribuyente de Hitler (25.000 RM, ver página 60) con dos directores en la junta de A.E.G., August Pfeffer y Gunther Quandt. Quandt poseía personalmente el 75 por ciento de Accumulatoren Fabrik.

Osram Gesellschaft, en la que International General Electric tenía una participación directa del 16 2/3, también tenía dos directores en el consejo de A.E.G.: Paul Mamroth y Heinrich Pferls. Osram contribuyó con 40.000 RM directamente al fondo de Hitler. La empresa de Otto Wolff, Vereinigte Stahlwerke A-G, beneficiario de préstamos sustanciales de Nueva York en los años 1920, tenía tres directores en la junta de A.E.G.: Otto Wolff, Henry Nathan y Jakob

Goldschmidt. Alfred Krupp yon Bohlen, único propietario de la organización Krupp y uno de los primeros partidarios de Hitler, era miembro del Aufsichsrat de A.E.G. Robert Pferdmenges, miembro del Círculo de Amigos de Himmler, también era director de A, E.G.

En otras palabras, casi todos los directores alemanes de German General Electric eran partidarios financieros de Hitler y estaban asociados no sólo con A.E.G. sino con otras empresas que financiaban a Hitler.

Walter Rathenau[62] se convirtió en director de A,E.G. en 1899 y a principios del siglo XX era director de más de 100 empresas. Rathenau fue también autor del "Plan Rathenau", que tiene un notable parecido con el "Plan Swope" - es decir, el New Deal de FDR pero escrito por Swope de G.E. *En otras palabras, tenemos la extraordinaria coincidencia de que los autores de planes similares al New Deal en EE.UU. y Alemania fueron también los principales patrocinadores de sus ejecutores: Hitler en Alemania y Roosevelt en EEUU.*

Swope fue presidente del consejo de administración de General Electric Company y de International General Electric. En 1932 los directores americanos de A.E.G, estaban conectados prominentemente con los círculos bancarios y políticos americanos como sigue:

| | |
|---|---|
| GERARD SWOPE | Presidente de International General Electric y presidente de General Electric Company, consejero del National City Bank (y otras empresas), consejero de A.E.G. y Osram en Alemania. Autor de FDR's New Deal y miembro de numerosas organizaciones de Roosevelt. |

---

[62] Hijo de Emil Rathenau, fundador de A.E.G., nacido en 1867 y asesinado en 1922.

Owen D. Young   Presidente del Consejo de Administración de General Electric y Vicepresidente del Banco de la Reserva Federal de Nueva York. Autor, junto con J. P. Morgan, del Plan Young, que sustituyó al Plan Dawes en 1929. (Véase el primer capítulo).

CLARK H. Minor   Presidente y consejero de International General Electric, consejero de British Thomson Houston, Compania Generale di Electtricita (Italia) y Japan Electric Bond & Share Company (Japón).

En resumen, tenemos pruebas fehacientes de autenticidad incuestionable (ver p, 56) que demuestran que la General Electric alemana contribuyó con sumas sustanciales al fondo político de Hitler. Había cuatro directores americanos de A.E.G. (Baldwin, Swope, Minor, y Clark), que era 80 por ciento poseído por International General Electric. Además, I.G.E. y los cuatro directores americanos eran el interés individual más grande y por lo tanto tenían la influencia individual más grande en las acciones y las políticas de A.E.G.. Aún más, casi todos los otros directores de A.E.G. fueron conectados con firmas (I. G. Farben, Accumulatoren Fabrik, *etc.*) que contribuyeron directamente - como firmas - al fondo político de Hitler. Sin embargo, sólo los directores alemanes de A.E.G fueron juzgados en Nuremberg en 1945.

## Cooperación técnica con Krupp

Aparte de la ayuda financiera a Hitler, General Electric amplió su ayuda a planes de cártel con otros partidarios de Hitler en beneficio mutuo y del Estado nazi. El carburo de tungsteno cementado es un ejemplo de esta cooperación entre G.E. y los nazis. Antes de noviembre de 1928, las industrias americanas tenían varias fuentes tanto para el carburo de tungsteno como para las herramientas y matrices que contenían esta composición de metal duro. Entre estas fuentes estaban la empresa Krupp de Essen, Alemania, y dos empresas americanas a las que Krupp enviaba y vendía entonces, la Union Wire Die Corporation y Thomas Prosser & Son. En 1928, Krupp se obligó a conceder licencias en virtud de patentes estadounidenses que poseía a la Firth-Sterling Steel Company y a la Ludlum Steel Company. Antes de 1928, este carburo de wolframio para uso en herramientas y matrices se vendía en Estados Unidos a unos 50 dólares la libra.

Las patentes estadounidenses que Krupp afirmaba poseer le habían sido cedidas por Osram Kommanditgesellschaft, y previamente habían sido cedidas por la Osram Company de Alemania a General Electric. Sin embargo, General Electric también había desarrollado sus propias patentes, principalmente las patentes Hoyt y Gilson, que cubrían procesos competidores para el carburo de tungsteno cementado. General Electric creía que podía utilizar estas patentes de forma independiente sin infringir las patentes de Krupp ni competir con ellas. Pero en lugar de utilizar las patentes de G.E. de forma independiente en competencia con Krupp, o de poner a prueba sus derechos en virtud de la legislación sobre patentes, General Electric elaboró un acuerdo de cártel con Krupp para agrupar las patentes de ambas partes y otorgar a General Electric el control monopolístico del carburo de tungsteno en Estados Unidos.

El primer paso en este acuerdo de cártel lo dio Carboloy Company, Inc, una filial de General Electric, constituida con el fin de explotar el carburo de wolframio. El precio de la década de 1920, de unos 50 dólares la libra, fue elevado por Carboloy a 458 dólares la libra. Obviamente, ninguna empresa podía vender grandes cantidades de carburo de wolframio a este precio, pero el precio maximizaría los beneficios de G.E. En 1934, General Electric y Carboloy también pudieron obtener, mediante compra, la licencia concedida por Krupp a la Ludlum Steel Company, eliminando así un competidor. En 1936, se indujo a Krupp a abstenerse de realizar nuevas importaciones en Estados Unidos. Parte del precio pagado por la eliminación del mercado estadounidense del carburo de volframio fabricado en el extranjero fue el compromiso recíproco de que General Electric y Carboloy no exportarían desde los EE.UU. De este modo, estas empresas estadounidenses se ataron las manos mediante contrato, o permitieron que Krupp se las atara, y negaron mercados extranjeros a la industria estadounidense. Carboloy Company adquirió entonces el negocio de Thomas Prosser & Son, y en 1937, por casi un millón de dólares, Carboloy adquirió el negocio competidor de Union Wire Die Corporation. Al negarse a vender, Krupp cooperó con General Electric y Carboloy para persuadir a Union Wire Die Corporation de que vendiera.

Entonces se denegaron las licencias para fabricar carburo de wolframio. La Crucible Steel Company denegó la licencia en 1936. La Chrysler Corporation deniega la licencia en 1938. El 25 de abril de 1940 se denegó la licencia a la Triplett Electrical Instrument Company. También se denegó la licencia a la General Cable Company. La Ford Motor Company expresó durante varios años su firme oposición a la política de precios elevados seguida por la Carboloy Company y, en un momento dado, solicitó el derecho a fabricar para su propio uso. Esta solicitud fue denegada. Como resultado de estas tácticas, General Electric y su filial Carboloy se hicieron en 1936 o 1937 con prácticamente el monopolio total del carburo de wolframio en Estados Unidos.

En resumen, General Electric -con la cooperación de otro partidario de Hitler, Krupp- obtuvo conjuntamente para G,E. el monopolio del carburo de tungsteno en Estados Unidos. Así, cuando comenzó la Segunda Guerra Mundial, General Electric tenía el monopolio a un precio establecido de 450 dólares la libra -casi diez veces más que el precio de 1928- y el uso en EE.UU. había sido correspondientemente restringido, A.E.G. Evita las Bombas en la Segunda Guerra Mundial.

En 1939, la industria eléctrica alemana estaba estrechamente vinculada a dos empresas estadounidenses: International General Electric e International Telephone and Telegraph. Las empresas más grandes de la producción eléctrica alemana y sus afiliaciones enumeradas por orden de importancia eran:

| Empresa y tipo de producción | Porcentaje de la producción alemana de 1939 | Empresa estadounidense afiliada |
|---|---|---|
| Industria pesada actual | | |
| General Electric (A.E.G.) | 40 por ciento | General Electric Internacional |
| Siemens Schukert A.G | 40 por ciento | Ninguno |
| Brown Boveri et Cie | 17 por ciento | Ninguno |
| Teléfono y telégrafo | | |
| Siemens y Halske | 60 por ciento | Ninguno |
| Lorenz A.G. | 85 por ciento | I.T.T. |
| Radio | | |

| | | |
|---|---|---|
| Telefunken (A.E.G. después de 1941) | 60 por ciento | General Electric Internacional |
| Lorenz | 35 por ciento | I.T.T. |
| Cables Felton & Guilleaume A.G. | 20 por ciento | I.T.T. |
| Siemens | 20 por ciento | Ninguno |
| A.E.G. | 20 por ciento | General Electric Internacional |

En otras palabras, en 1939 la industria alemana de material eléctrico estaba concentrada en unas pocas grandes empresas vinculadas en un cártel internacional y por la propiedad de acciones a dos.grandes empresas estadounidenses. Este complejo industrial nunca fue un objetivo prioritario de los bombardeos en la Segunda Guerra Mundial. Las plantas de A.E.G. e I.T.T. sólo fueron atacadas incidentalmente en incursiones en la zona y en contadas ocasiones. Las plantas de equipos eléctricos bombardeadas como objetivos no eran las afiliadas a empresas estadounidenses. Fueron Brown Boveri en Mannheim y Siemensstadt en Berlín -que *no estaban relacionadas con EE.UU.*- las que fueron bombardeadas. Como resultado, la producción alemana de material eléctrico de guerra aumentó constantemente durante toda la Segunda Guerra Mundial, alcanzando su punto álgido en 1944. Según los informes del U.S. Strategic Bombing Survey, "En opinión de los ayudantes de Speers y de los responsables de las fábricas, el esfuerzo bélico en Alemania nunca se vio obstaculizado de manera importante por ninguna escasez de material eléctrico."[63]

Un ejemplo de la política de no bombardeo de la General Electric alemana fue la planta de A.E.G. en el 185 de Muggenhofer Strasse, Nuremberg. El estudio de la producción de esta planta en la Segunda Guerra Mundial es interesante porque ilustra hasta qué punto la producción puramente de tiempos de paz se convirtió en trabajo de guerra. La planta de antes de la guerra fabricaba electrodomésticos, como placas de cocina, cocinas eléctricas, planchas eléctricas, tostadoras, hornos industriales, radiadores, calentadores de agua,

---

[63] The United States Strategic Bombing Survey, *German Electrical Equipment Industry/Report*, (Equipment Division, enero de 1947), p. 4.

hornos de cocina y calentadores industriales. En 1939, 1940 y 1941, la mayor parte de las instalaciones de producción de la planta de Nuremberg se destinaron a la fabricación de productos para tiempos de paz. En 1942, la producción de la planta pasó a dedicarse a la fabricación de equipos de guerra. Se fabricaban piezas metálicas para equipos de comunicaciones y municiones como bombas y minas. Otra producción de guerra consistía en piezas para reflectores y amplificadores. La siguiente tabulación muestra de forma muy llamativa la reconversión al trabajo de guerra:

| Año | Ventas totales en 1000 RM | Porcentaje para la guerra | Porcentaje de producción ordinaria |
|---|---|---|---|
| 1939 | 12,469 | 5 | 95 |
| 1940 | 11,754 | 15 | 85 |
| 1941 | 21,194 | 40 | 60 |
| 1942 | 20,689 | 61 | 39 |
| 1948 | 31,455 | 67 | 33 |
| 1944 | 31,205 | 69 | 31 |

El daño físico real causado por los bombardeos a esta planta fue insignificante. No se produjeron daños graves hasta los bombardeos del 20 y 21 de febrero de 1945, casi al final de la guerra, y entonces la protección estaba bastante bien desarrollada. Las incursiones en las que cayeron bombas en la zona de la planta y los insignificantes daños sufridos se enumeran a continuación:

| Fecha de la redada | Bombas que golpean la planta | Daños causados |
|---|---|---|
| 8 de marzo de 1943 | 30 palo tipo I.B. | Sin importancia, pero 3 almacenes fuera de la planta principal destruidos. |
| 9 de septiembre de 1944 | Ninguno (daño por explosión) | Daños insignificantes en cristales y cortinas opacas. |
| 26 de noviembre de | 14000 lb. HE en espacio abierto en los | Taller de madera destruido, cañería de agua rota. |

| 1944 | terrenos de la planta | |
|---|---|---|
| 20 de febrero de 1945 | 2 HE | 3 edificios dañados. |
| 21 de febrero de 1945 | 5 HE, muchos I.B.'s | Edificio administrativo destruido y fábrica de esmaltes dañada por HE. |

Otro ejemplo de una planta alemana de General Electric que no fue bombardeada es la planta de A.E.G. en Koppelsdorf que producía equipos de radar y antenas para bombarderos. Otras plantas de A.E.G. que no fueron bombardeadas[64] y su producción de equipos de guerra fueron:

## LISTA DE FÁBRICAS DE LA A.E.G. NO BOMBARDEADAS EN LA SEGUNDA GUERRA MUNDIAL

| Nombre de la sucursal | Ubicación | Producto |
|---|---|---|
| 1. Werk Reiehmannsdoff mit Unterabteilungen in Wallendorf und Unterweissbach | Kries Saalfeld | Instrumentos de medida |
| 2. Werk Marktschorgast | Bayreuth | Entrantes |
| 3. Werk F18ha | Sajonia | Conjuntos emisores de onda corta |
| 4. Werk Reichenbach | Vogtland | Pilas secas |
| 5. Werk Burglengefeld | Sachsen/S.E. Chemnitz | Arrancadores pesados |
| 6. Werk Nuremburg | Belringersdorf/ Nuremberg | Componentes pequeños |
| 7. Werk Zirndorf | Nuremberg | Arrancadores pesados |
| 8. Werk Mattinghofen | Oberdonau | 1 KW Remitentes 250 Metros y onda larga para torpederos y submarinos |
| 9. Unterwerk Neustadt | Coburgo | Equipos de radar |

---

[64] U.S. Strategic Bombing Survey, Plant Report of A.E.G. (Allgemeine Elektrizitats Gesellschaft), Nuremburg, Germany: junio de 1945), p. 6.

Que las plantas de A.E.G. en Alemania no fueron bombardeadas en la Segunda Guerra Mundial fue confirmado por el United States Strategic Bombing Survey, dirigido por académicos como John K. Galbraith y Wall Streeters como George W. Ball y Paul H. Nitze. Su "Informe sobre la industria alemana de equipos eléctricos", fechado en enero de 1947, concluye:

> *La industria nunca ha sido atacada como sistema objetivo básico, pero algunas plantas, como Brown Boveri en Mannheim, Bosch en Stuttgart y Siemenstadt en Berlín, han sido objeto de incursiones de precisión; muchas otras fueron alcanzadas en incursiones de área.*[65]

Al final de la Segunda Guerra Mundial se envió un equipo de investigación aliado conocido como FIAT para examinar los daños causados por las bombas en las plantas de la industria eléctrica alemana. El equipo para la industria eléctrica estaba formado por Alexander G.P.E. Sanders de International Telephone and Telegraph de Nueva York, Whit-worth Ferguson de Ferguson Electric Company, Nueva York, y Erich J. Borgman de Westinghouse Electric. Aunque el objetivo declarado de estos equipos era examinar los efectos de los bombardeos aliados sobre objetivos alemanes, el objetivo de este equipo en particular era conseguir que la industria alemana de equipos eléctricos volviera a la producción lo antes posible. Whirworth Ferguson escribió un informe fechado el 31 de marzo de 1945 sobre la A.E.G. Ostlandwerke y concluyó: "esta planta está inmediatamente disponible para

---

[65] p. 3. En consecuencia, "la producción durante la guerra fue adecuada hasta noviembre de 1944" y "en opinión de los ayudantes de Speer y de los responsables de las fábricas, el esfuerzo bélico en Alemania nunca se vio obstaculizado de manera importante por ninguna escasez de material eléctrico". Las dificultades sólo surgieron al final de la guerra, cuando toda la economía se vio amenazada por el colapso. El informe concluía: "Por lo tanto, puede decirse que en 1944 se cubrieron todas las necesidades importantes de material eléctrico, ya que los planes fueron siempre optimistas."

la producción de piezas y ensamblajes de metal fino".[66]

Para concluir, vemos que tanto Rathenau, de A.E.G., como Swope, de General Electric en Estados Unidos, tenían ideas similares de poner al Estado a trabajar para sus propios fines corporativos. General Electric tuvo un papel destacado en la financiación de Hitler, obtuvo pingües beneficios de la producción bélica y, sin embargo, consiguió eludir los bombardeos en la Segunda Guerra Mundial. Obviamente, la historia brevemente reseñada aquí merece una investigación mucho más exhaustiva -y oficial-.

---

[66] U.S. Strategic Bombing Survey, AEG-Ostlandwerke GmbH, por Whitworth Ferguson, 31 de mayo de 1945.

# Capítulo IV

## Standard Oil impulsa la Segunda Guerra Mundial

> *En dos años, Alemania fabricará suficiente petróleo y gas a partir del carbón para una larga guerra. La Standard Oil de Nueva York está proporcionando millones de dólares para ayudar.*
>
> (Informe del Agregado Comercial, Embajada de EE.UU. en Berlín, Alemania, enero de 1933, al Departamento de Estado en Washington, D.C.)

El grupo de empresas Standard Oil, en el que la familia Rockefeller poseía una cuarta parte (y el control) de las acciones[67], fue de vital importancia para ayudar a la Alemania nazi a prepararse para la Segunda Guerra Mundial. Esta ayuda en la preparación militar se produjo porque los suministros relativamente insignificantes de petróleo crudo de Alemania eran bastante insuficientes para la guerra mecanizada moderna; en 1934, por ejemplo, alrededor del 85% de los productos petrolíferos acabados alemanes eran importados. La solución adoptada por la Alemania nazi fue fabricar gasolina sintética a partir de sus abundantes suministros nacionales de carbón. Fue el proceso de hidrogenación para producir gasolina sintética y propiedades de iso-octano en la gasolina lo que permitió a Alemania entrar en guerra en 1940 - y este proceso de hidrogenación fue desarrollado y financiado por los laboratorios

---

[67] En 1935, John D. Rockefeller, Jr. poseía acciones valoradas en 245 millones de dólares en Standard Oil of New Jersey, Standard Oil of California y Socony-Vacuun Company, *New York Times*, 10 de enero de 1935.

Standard Oil de Estados Unidos en asociación con I.G. Farben.

Las pruebas presentadas a los comités Truman, Bone y Kilgore después de la Segunda Guerra Mundial confirmaron que Standard Oil había puesto al mismo tiempo "en grave peligro los preparativos bélicos de Estados Unidos".[68] Se presentaron pruebas documentales a los tres comités del Congreso de que antes de la Segunda Guerra Mundial Standard Oil había acordado con I.G. Farben, en el llamado acuerdo Jasco, que el caucho sintético estaba dentro de la esfera de influencia de Farben, mientras que Standard Oil iba a tener un monopolio absoluto en los EE.UU. *sólo si y cuando* Farben permitiera el desarrollo del caucho sintético en los EE.UU.:

> *En consecuencia [concluyó el Comité Kilgore] Standard cumplió plenamente el propósito de I.G. de impedir la producción de Estados Unidos disuadiendo a las empresas de caucho americanas de emprender investigaciones independientes para desarrollar procesos de caucho sintético.*[69]

Lamentablemente, los comités del Congreso no exploraron un aspecto aún más ominoso de esta colusión entre Standard Oil e I.G. Farben: que en ese momento los directores de Standard Oil de Nueva Jersey no sólo tenían afiliaciones de guerra estratégica con I.G. Farben, sino que tenían otros vínculos con la Alemania de Hitler, incluso hasta el punto de contribuir, a través de empresas filiales alemanas, al fondo personal de Heinrich Himmler y con la pertenencia al Círculo de Amigos de Himmler tan tarde como 1944.

Durante la Segunda Guerra Mundial, la Standard Oil de Nueva Jersey fue acusada de traición por su alianza con Farben antes de la guerra, aunque se desconocían sus continuas actividades en tiempo de guerra dentro del Círculo de Amigos de Himmler. Standard Oil negó con vehemencia las acusaciones de traición. Una de las más

---

[68] *Eliminación de los recursos alemanes*, op. cit., p. 1085.

[69] Ibid.

prominentes de estas defensas fue publicada por R.T. Haslam, un director de Standard Oil de Nueva Jersey, en *The Petroleum Times* (25 de diciembre de 1943), y titulada "Secretos convertidos en poderosas armas de guerra a través del acuerdo con I.G. Farben".[70] Se trataba de un intento de dar la vuelta a la tortilla y presentar la connivencia previa a la guerra como ventajosa para Estados Unidos.

Cualesquiera que hayan sido los recuerdos de guerra y la defensa apresurada de Standard Oil, las negociaciones y los contratos de 1929 entre Standard e I.G. Farben se registraron en la prensa contemporánea y describen los acuerdos entre Standard Oil of New Jersey e I.G. Farben y su intención. En abril de 1929, Walter C. Teagle, presidente de Standard Oil of New Jersey, se convirtió en director de la recién organizada American I.G. Farben. No porque Teagle estuviera interesado en la industria química, sino porque,

> *Desde hace algunos años mantiene una relación muy estrecha con determinadas ramas de la labor de investigación de la industria I.G. Farben que están estrechamente relacionadas con la industria petrolera.*[71]

Fue anunciado por Teagle que el trabajo de investigación conjunto sobre la producción de petróleo de carbón había sido llevado a cabo durante algún tiempo y que un laboratorio de investigación para este trabajo iba a ser establecido *en los Estados* Unidos.[72] En noviembre de 1929 esta compañía de investigación de propiedad conjunta de Standard - Farben fue establecida *bajo la dirección de la Standard Oil Company de Nueva Jersey,* y toda la investigación y patentes relacionadas con la producción de petróleo de carbón tenidas por ambos I.G. y Standard fueron puestas en común. Anteriormente, durante el periodo 1926-1929, las dos empresas habían cooperado en el desarrollo del proceso de hidrogenación, y se habían puesto en funcionamiento plantas experimentales tanto en EE.UU. como en

---

[70] *NMT*, caso I.G. Farben, p. 1304.

[71] *New York Times*, 28 de abril de 1929.

[72] Ibid.

Alemania. Ahora se proponía construir nuevas plantas en Bayway (Nueva Jersey) y Baytown (Texas), además de ampliar la planta experimental de Baton Rouge. Standard anunció:

> ... *la importancia del nuevo contrato aplicado a este país residía en el hecho de que aseguraba que el proceso de hidrogenación se desarrollaría comercialmente en este país bajo la dirección de American oil interests.*[73]

En diciembre de 1929 se constituyó la nueva empresa, Standard I.G. Company. F.A. Howard fue nombrado presidente, y sus directores alemanes y americanos fueron anunciados como sigue: E.M. Clark, Walter Duisberg, Peter Hurll, R.A. Reidemann, H.G. Seidel, Otto von Schenck y Guy Wellman.

La mayoría de las acciones de la empresa de investigación eran propiedad de Standard Oil. El trabajo técnico, el trabajo de desarrollo del proceso y la construcción de tres nuevas plantas de obtención de petróleo a partir del carbón en Estados Unidos se puso en manos de la Standard Oil Development Company, la filial técnica de Standard Oil. De estos informes contemporáneos se desprende claramente que el trabajo de desarrollo del petróleo a partir del carbón lo llevó a cabo Standard Oil de Nueva Jersey dentro de Estados Unidos, en plantas de Standard Oil y con financiación y control mayoritarios de Standard. Los resultados de esta investigación se pusieron a disposición de I.G. Farben y se convirtieron en la base para el desarrollo del programa de petróleo a partir de carbón de Hitler que hizo posible la Segunda Guerra Mundial.

El artículo de Haslam, escrito por un antiguo profesor de ingeniería química del M.I.T. (entonces vicepresidente de la Standard Oil de Nueva Jersey) sostenía -en contra de estos hechos registrados- que la Standard Oil pudo, a través de sus acuerdos con Farben, obtener tecnología alemana para Estados Unidos. Haslam citó la fabricación de toluol y paratona (Op-panol), utilizados para estabilizar la

---

[73] Ibid, 24 de noviembre de 1929.

viscosidad del petróleo, un material esencial para las operaciones de los tanques en el desierto y en el invierno ruso, y el caucho buna. Sin embargo, este artículo, con sus erróneas afirmaciones autocomplacientes, llegó a Alemania en tiempos de guerra y se convirtió en el tema de un memorándum "secreto" de I.G. Farben fechado el 6 de junio de 1944 del acusado en Nuremberg y entonces funcionario de Farben von Knieriem a sus compañeros de la dirección de Farben. Este memorándum "secreto" de Knieriem exponía los hechos que Haslam evitó en su artículo del *Petroleum Times*. El memorándum era, de hecho, un resumen de lo que Standard no estaba dispuesta a revelar al público estadounidense, es decir, la importante contribución realizada por Standard Oil de Nueva Jersey a la maquinaria de guerra nazi. El memorándum de Farben afirma que los acuerdos de Standard Oil eran *absolutamente esenciales* para I.G. Farben:

> *El cierre de un acuerdo con Standard era necesario por razones técnicas, comerciales y financieras: Técnicamente, porque la experiencia especializada de la que sólo disponía una gran empresa petrolera era necesaria para el desarrollo ulterior de nuestro proceso, y en Alemania no existía una industria de este tipo; comercialmente, porque al no haber control económico estatal en Alemania en aquella época, IG tenía que evitar una lucha competitiva con las grandes potencias petroleras, que siempre vendían la mejor gasolina al precio más bajo en mercados disputados; financieramente, porque IG, que ya había gastado sumas extraordinariamente elevadas para el desarrollo del proceso, tenía que buscar alivio financiero para poder continuar el desarrollo en otros campos técnicos nuevos, como el buna.*[74]

El memorándum de Farben respondía entonces a la pregunta clave: ¿Qué adquirió I.G. Farben de Standard Oil que fuera "vital para la conducción de la guerra"? El memorándum examina los productos

---

[74] NMT, caso I.G. Farben, volúmenes VII y VIII, pp. 1304-1311.

citados por Haslam -es decir, iso-octano, tuluol, Oppanol-Paratone y buna- y demuestra que, contrariamente a la afirmación pública de Standard Oil, su tecnología procedía en gran medida de Estados Unidos, no de Alemania. Sobre el iso-octano el memorándum de Farben dice, en parte,

> *Gracias a sus décadas de trabajo en el campo de los carburantes, los estadounidenses nos llevan ventaja en el conocimiento de los requisitos de calidad que exigen los distintos usos de los carburantes. En particular, habían desarrollado, a un gran coste, un gran número de métodos para probar la gasolina para diferentes usos. Basándose en sus experimentos, habían reconocido la buena calidad antidetonante del isooctano mucho antes de conocer nuestro proceso de hidrogenación. Prueba de ello es el hecho de que en Estados Unidos los combustibles se clasifican por octanos, y el iso-octano se clasificó como el mejor combustible con el número 100,. Todos estos conocimientos pasaron naturalmente a ser nuestros gracias al acuerdo, que nos ahorró muchos esfuerzos y nos protegió contra muchos errores.*

I.G. Farben añade que la afirmación de Haslam de que la producción de iso-octano se dio a conocer en América sólo a través del proceso de hidrogenación de Farben no era correcta:

> *Especialmente en el caso del iso-octano, se demuestra que debemos mucho a los americanos porque en nuestro propio trabajo pudimos aprovechar ampliamente la información americana sobre el comportamiento de los combustibles en los motores. Además, los estadounidenses nos mantenían informados sobre el progreso de su proceso de producción y su desarrollo posterior.*

> *Poco antes de la guerra, se descubrió en América un nuevo método para la producción de iso-octano: la alquilación con isomerización como paso previo. Este proceso, que el Sr. Haslain no menciona en absoluto, se origina de hecho enteramente con los americanos y ha*

*llegado a ser conocido por nosotros en detalle en sus etapas separadas a través de nuestros acuerdos con ellos, y está siendo utilizado muy extensivamente por nosotros.*

Sobre toluol, I.G. Farben señala una inexactitud factual en el artículo de Haslam: toluol *no* fue producido por hidrogenación en los EE.UU. es afirmado por profesor Haslam. En el caso del oppanol, el memorándum de I.G. califica la información de Haslam de "incompleta" y, en lo que respecta al caucho de buna, "nunca dimos información técnica a los americanos, ni tuvo lugar una cooperación técnica en el campo del buna". Y lo que es más importante, el memorándum de Farben pasa a describir algunos productos no citados por Haslam en su artículo:

> *Como consecuencia de nuestros contratos con los americanos, recibimos de ellos, más allá del acuerdo, muchas contribuciones muy valiosas para la síntesis y la mejora de los carburantes y aceites lubricantes, que precisamente ahora, durante la guerra, nos son de gran utilidad; y también recibimos de ellos otras ventajas. Principalmente, cabe mencionar las siguientes :*
>
> *Sobre todo, la mejora de los combustibles mediante la adición de tetraetilplomo y la fabricación de este producto. No es necesario mencionar especialmente que sin el tetraetilplomo los actuales métodos de guerra serían imposibles. El hecho de que desde el comienzo de la guerra pudiéramos producir tetraetil-plomo se debe enteramente a las circunstancias de que, poco antes, los americanos nos habían presentado los planes de producción, completos con sus conocimientos técnicos. Fue, además, la primera vez que los americanos decidieron dar una licencia sobre este proceso en un país extranjero (además de la comunicación de secretos no protegidos) y esto sólo sobre nuestras peticiones urgentes a Standard Oil para cumplir nuestro deseo. Contractualmente no podíamos exigirlo, y más tarde nos enteramos de que ·el Departamento de Guerra en Washington dio su permiso sólo después de largas*

*deliberaciones.*

*Conversión de insaturados de bajo peso molecular en gasolina utilizable (polimerización). Se ha trabajado mucho en este campo tanto aquí como en Estados Unidos. Pero los americanos fueron los primeros en llevar a cabo el proceso a gran escala, lo que nos sugirió desarrollar también el proceso a gran escala técnica. Pero por encima de eso, en Alemania funcionan plantas construidas según los procesos americanos.*

*También en el campo de los aceites lubricantes, Alemania, a través del contrato con Estados Unidos, adquirió una experiencia extraordinariamente importante para la guerra actual.*

*A este respecto, hemos obtenido no sólo la experiencia de Standard, sino también, a través de Standard, la de General Motors y otras grandes empresas automovilísticas estadounidenses.*

*Como otro ejemplo notable del efecto ventajoso para nosotros del contrato entre IG y Standard Oil, se debe mencionar lo siguiente: en los años 1934 / 1935 nuestro gobierno tenía el mayor interés en reunir del extranjero un stock de productos de aceite mineral especialmente valiosos (en particular, gasolina de aviación y aceite lubricante de aviación), y mantenerlo en reserva hasta una cantidad aproximadamente igual a 20 millones de dólares a valor de mercado. El Gobierno alemán preguntó a IG si no era posible, sobre la base de sus relaciones amistosas con Standard Oil, comprar esta cantidad en nombre de Farben; en realidad, sin embargo, como fideicomisario del Gobierno alemán. El hecho de que realmente lográramos, mediante las negociaciones más difíciles, comprar la cantidad deseada por nuestro Gobierno a la Standard Oil Company americana y al grupo holandés-inglés Royal - Dutch - Shell y transportarla a Alemania, sólo fue posible gracias a la ayuda de la Standard Oil Co.*

## Plomo etílico para la Wehrmacht

Otro ejemplo destacado de la ayuda de Standard Oil a la Alemania nazi -en cooperación con General Motors- fue el suministro de plomo etílico. El fluido etílico es un compuesto antidetonante utilizado en los combustibles de la aviación y los automóviles para eliminar el golpeteo y mejorar así la eficiencia de los motores; sin estos compuestos antidetonantes, la guerra móvil moderna sería impracticable.

En 1924 se constituyó en Nueva York la Ethyl Gasoline Corporation, propiedad conjunta de la Standard Oil Company de Nueva Jersey y la General Motors Corporation, con el fin de controlar y utilizar las patentes estadounidenses para la fabricación y distribución de tetraetilo de plomo y fluido etílico en Estados Unidos y en el extranjero. Hasta 1935, la fabricación de estos productos *sólo* se realizaba en Estados Unidos. En 1935 Ethyl Gasoline Corporation transfirió sus conocimientos técnicos a Alemania para utilizarlos en el programa de rearme nazi. Esta transferencia se llevó a cabo a pesar de las protestas del Gobierno estadounidense.[75]

La intención de Ethyl de transferir su tecnología antidetonante a la Alemania nazi llegó a oídos del Cuerpo Aéreo del Ejército en Washington, D.C. El 15 de diciembre de 1934 se informó a E. W. Webb, presidente de Ethyl Gasoline, de que Washington se había enterado de la intención de "formar una empresa alemana con el I.G. para fabricar etilplomo en ese país". El Departamento de Guerra indicó que había crítica considerable de esta transferencia tecnológica, que podría "tener las repercusiones más graves" para los EE.UU.; que la demanda comercial para el plomo de etilo en Alemania era demasiado pequeña para ser de interés; y,

*... se ha afirmado que Alemania se está armando en*

---

[75] Véase la carta del Departamento de Guerra de EE.UU. reproducida en el Apéndice D.

*secreto [y] el plomo etílico sería sin duda una valiosa ayuda para los aviones militares.*[76]

El Cuerpo Aéreo del Ejército comunicó entonces a la Ethyl Company que "bajo ninguna circunstancia, ni usted ni el Consejo de Administración de la Ethyl Gasoline Corporation deben revelar a Alemania ningún secreto o 'know-how' relacionado con la fabricación de tetraetilo de plomo".[77]

El 12 de enero de 1935, Webb envió por correo al Jefe del Cuerpo Aéreo del Ejército una "Declaración de Hechos", que era en realidad una negación de que se transmitieran tales conocimientos técnicos; se ofreció a insertar una cláusula de este tipo en el contrato para evitar cualquier transferencia de este tipo. Sin embargo, en contra de su promesa al Cuerpo Aéreo del Ejército, Ethyl firmó posteriormente un acuerdo de producción conjunta con I.G. Farben en Alemania para formar Ethyl G.m.b.H. y con Montecatini en la Italia fascista con el mismo fin.

Cabe señalar que los directores de Ethyl Gasoline Corporation en el momento de esta transferencia[78] : E.W. Webb, presidente y director; C.F. Kettering; R.P. Russell; W.C. Teagle, Standard Oil de Nueva Jersey y fideicomisario de la Fundación Georgia Warm Springs de FDR; F. A. Howard; E. M. Clark, Standard Oil de Nueva Jersey; A. P. Sloan, Jr.; D. Brown; J. T. Smith; y W.S. Parish de Standard Oil de Nueva Jersey.

Los archivos de I.G. Farben capturados al final de la guerra confirman la importancia de esta transferencia técnica concreta para

---

[76] Congreso de los Estados Unidos. Senado. Audiencias ante un subcomité del Comité de Asuntos Militares. *Scientific and Technical Mobilization*, (78th Congress, 1st session, S. 702), Part 16, (Washington: Government Printing Office, 1944), p. 939. En lo sucesivo citado como *Movilización Científica y Técnica*.

[77] Ibid.

[78] *Oil and Petroleum Yearbook, 1938*, p. 89.

la Wehrmacht alemana:

> Desde el comienzo de la guerra hemos estado en condiciones de producir tetraetilo de plomo únicamente porque, poco antes del estallido de la guerra, los americanos habían establecido para nosotros plantas listas para la producción y nos habían proporcionado toda la experiencia disponible. De este modo, no tuvimos que realizar el difícil trabajo de desarrollo, ya que pudimos iniciar la producción de inmediato sobre la base de toda la experiencia que los estadounidenses habían acumulado durante años.[79]

En 1938, justo antes del estallido de la guerra en Europa, la Luftwaffe alemana necesitaba urgentemente 500 toneladas de tetraetilo de plomo. Un funcionario de DuPont avisó a Ethyl de que Alemania utilizaría esas cantidades con fines militares.[80] Estas 500 toneladas fueron prestadas por la Ethyl Export Corporation de Nueva York a Ethyl G.m.b.H. de Alemania, en una transacción acordada por el Ministerio del Aire del Reich con Mueller-Cunradi, director de I.G. Farben. La garantía colateral se acordó en una carta fechada el 21 de septiembre de 1938[81] a través de Brown Brothers, Harriman & Co. de Nueva York.

## Standard Oil of New Jersey y Synthetic Rubber

La transferencia de tecnología etílica para la maquinaria de guerra nazi se repitió en el caso del caucho sintético. No hay duda de que la capacidad de la Wehrmacht alemana para luchar en la Segunda Guerra Mundial dependía del caucho sintético -así como del petróleo sintético- porque Alemania no tiene caucho natural, y la

---

[79] *New York Times*, 19 de octubre de 1945, p. 9.

[80] George W. Stocking & Myron W. Watkins, *Cartels in Action*, (Nueva York: The Twentieth Century Fund, 1946), p. 9.

[81] Para los documentos originales, véase *NMT*, caso I.G. Farben, volumen VIII, pp. 1189-94.

guerra habría sido imposible sin la producción de caucho sintético de Farben. Farben tenía prácticamente el monopolio de este campo y el programa para producir las grandes cantidades necesarias fue financiado por el Reich:

> *El volumen de producción previsto en este campo superaba con creces las necesidades de la economía en tiempos de paz. Los enormes costes implicados sólo eran coherentes con consideraciones militares en las que la necesidad de autosuficiencia sin tener en cuenta el coste era decisiva.*[82]

Al igual que en las transferencias de tecnología etílica, Standard Oil de Nueva Jersey estaba íntimamente asociada al caucho sintético de I.G. Farben. A finales de la década de 1920 se celebraron una serie de acuerdos conjuntos con el fin de conseguir un monopolio mundial conjunto del caucho sintético. El Plan Cuatrienal de Hitler entró en vigor en 1937 y en 1938 Standard proporcionó a I.G. Farben su nuevo proceso de caucho butílico. Por otro lado, Standard mantuvo en secreto el proceso alemán del buna en Estados Unidos y no fue hasta junio de 1940 cuando se permitió a Firestone y U.S. Rubber participar en las pruebas del butilo y se les concedieron las licencias de fabricación del buna. Incluso entonces Standard intentó que el Gobierno de Estados Unidos financiara un programa de buna a gran escala, reservando sus propios fondos para el más prometedor proceso del butilo.[83]

Por consiguiente, la ayuda de Standard en la Alemania nazi no se limitó al petróleo obtenido a partir del carbón, aunque ésta fue la transferencia más importante. No sólo se transfirió el proceso para el tetraetilo a I.G. Farben y se construyó una planta en Alemania propiedad conjunta de I.G., General Motors y filiales de Standard; sino que ya en 1939 la filial alemana de Standard diseñó una planta alemana para gas de aviación. El tetraetilo fue enviado sobre una base de la emergencia para el Wehrmacht y la ayuda importante fue

---

[82] *NMT*, caso I.G. Farben, volumen VIII, p. 1264-5.

[83] *Movilización científica y técnica*, p. 543.

dada en la producción del caucho butílico, mientras que mantenía secreto en los E.E.U.U. el proceso de Farben para el buna. En otras palabras, la Standard Oil de Nueva Jersey (primero bajo la presidencia de W.C. Teagle y luego bajo la de W..S. Farish) ayudó sistemáticamente a la maquinaria de guerra nazi mientras se negaba a ayudar a Estados Unidos.

Esta secuencia de acontecimientos no fue un accidente. El presidente W.S. Farish argumentó que no haber concedido esa asistencia técnica a la Wehrmacht "... habría sido injustificado".[84] La asistencia se prestó con conocimiento de causa, se prolongó durante más de una década y fue tan sustancial que sin ella la Wehrmacht no habría podido entrar en guerra en 1939.

## La Deutsche-Amerikanische Petroleum A.G. (DAPAG)

La filial de Standard Oil en Alemania, Deutsche-Amerikanische Petroleum A.G. (DAPAG), pertenecía en un 94% a Standard Oil de Nueva Jersey. DAPAG tenía sucursales en toda Alemania, una refinería en Bremen y una oficina central en Hamburgo. A través de DAPAG, Standard Oil of New Jersey estaba representada en los círculos más íntimos del nazismo: el Círculo Keppler y el Círculo de Amigos de Himmler. Un director de DAPAG era Karl Lindemann, también presidente de la Cámara Internacional de Comercio en Alemania, así como director de varios bancos, incluyendo el Dresdner Bank, el Deutsche Reichsbank, y el banco privado de orientación nazi de C. Melchior & Company, y numerosas corporaciones incluyendo la HAPAG (Hamburg-Amerika Line). Lindemann fue miembro del Círculo de Amigos de Keppler hasta 1944, por lo que dio a la Standard Oil de Nueva Jersey un representante en el núcleo mismo del nazismo. Otro miembro de la junta de DAPAG era Emil Helfrich, que era un miembro original del Círculo de Keppler.

---

[84] Robert Engler, *The Politics of Oil*, (Nueva York: The MacMillan Company, 1961), p. 102.

En resumen, Standard Oil de Nueva Jersey tenía a dos miembros del Círculo Keppler como directores de su filial alemana al cien por cien. Los pagos al Círculo por parte de la empresa filial de Standard Oil, y de Lindemann y Helffrich como directores individuales, continuaron hasta 1944, el año anterior al final de la Segunda Guerra Mundial.[85]

---

[85] Para más detalles, véase el Capítulo Nueve.

# Capítulo 5

## La I.T.T. trabaja en ambos bandos de la guerra

> *Así, mientras los aviones Focke-Wolfe de I.T.T. bombardeaban los barcos aliados y las líneas de I.T.T. pasaban información a los submarinos alemanes, los radiogoniómetros de I.T.T. salvaban a otros barcos de los torpedos.*
>
> (Anthony Sampson, The Sovereign State of I.T.T., Nueva York: Stein & Day, 1973, p. 40.)

El gigante multinacional International Telephone and Telegraph (I.T.T.)[86] fue fundado en 1920 por el empresario nacido en las Islas Vírgenes Sosthenes Behn. Durante su vida, Behn fue la personificación del hombre de negocios politizado, obteniendo sus beneficios y construyendo el imperio de I.T.T. mediante maniobras políticas y no en el mercado competitivo. En 1923, gracias a su habilidad política, Behn adquirió el monopolio telefónico español, la Compañía Telefónica de España. En 1924, I.T.T., ahora respaldada por la firma J.P. Morgan, compró lo que más tarde se convertiría en el grupo International Standard Electric de plantas de fabricación en todo el mundo.

El consejo de administración de I.T.T. reflejaba los intereses de J.P. Morgan, con los socios de Morgan Arthur M. Anderson y Russell Leffingwell. El bufete de abogados del Establecimiento, Davis,

---

[86] Para una excelente revisión de las actividades mundiales del *I.T.T.*, véase Anthony Sampson, *The Sovereign State of I.T.T.*, (Nueva York: Stein & Day, 1973).

Polk, Wardwell, Gardiner & Reed, estaba representado por los dos socios menores, Gardiner & Reed.

## DIRECTORES DEL I.T.T. EN 1933:

| Directores | Afiliación a otras empresas de Wall Street |
|---|---|
| Arthur M. ANDERSON | Socio, J.P. MORGAN y New York Trust Company |
| Hernand BEHN | Banco de América |
| Sóstenes BEHN | BANCO NACIONAL DE LA CIUDAD |
| F. Wilder BELLAMY | Socio de Dominick & Dominicik |
| John W. CUTLER | GRACE NATIONAL BANK, Lee Higginson |
| George H. GARDINER | Socio de Davis, Polk, Wardwell, Gardiner & Reed |
| Allen G. HOYT | BANCO NACIONAL DE LA CIUDAD |
| Russell C. LEFFINGWELL | Socio J.P. MORGAN y CARNEGIE CORP. |
| Bradley W. PALMER | Presidente del Comité Ejecutivo de UNITED FRUIT |
| Lansing P. REED | Socio de Davis, Polk Wardwell, Gardiner & Reed |

El National City Bank (NCB) en el grupo de Morgan fue representado por dos directores, Sosthenes Behn y Allen G. Hoyt. En resumen, I.T.T. era una compañía controlada por Morgan; y hemos notado previamente el interés de las compañías controladas por Morgan en la guerra y la revolución en el extranjero y las maniobras políticas en los Estados Unidos.[87]

En 1930 Behn adquirió el holding alemán Standard Elekrizitäts A.G., controlado por I.T.T. (62,0% de las acciones con derecho a voto), A.E.G. (81,1% de las acciones con derecho a voto) y Felton & Guilleaume (6% de las acciones con derecho a voto). En esta operación Standard adquirió dos fábricas alemanas y una participación mayoritaria en Telefonfabrik Berliner A.G.I.T.T.

---

[87] Véase también Sutton, *Wall Street and the Bolshevik Revolution, op. cit.*

También obtuvo las filiales de Standard en Alemania, Ferdinand Schuchardt Berliner Fernsprech-und Telegraphenwerk A,G., así como Mix & Genest en Berlin, y Suddeutsche Apparate Fabrik G,m.b.H. en Nuremburg.

Es interesante señalar de paso que, mientras que la I.T.T. de Sosthenes Behn controlaba las compañías telefónicas y las fábricas de Alemania, el tráfico por cable entre Estados Unidos y Alemania estaba bajo el control de la Deutsch-Atlantische Telegraphengesellschaft (la Compañía Alemana de Cable Atlántico). Esta empresa, junto con la Commercial Cable Company y la Western Union Telegraph Company, tenía el monopolio de las comunicaciones por cable transatlánticas entre Estados Unidos y Alemania. W.A. Harriman & Company se hizo con un paquete de 625.000 acciones de Deutsch-Atlantische en 1925, y el consejo de administración de la empresa incluía una inusual variedad de personajes, muchos de los cuales hemos conocido en otras ocasiones. Incluía, por ejemplo, a H. F. Albert, el agente de espionaje alemán en Estados Unidos en la Primera Guerra Mundial; el antiguo socio comercial de Franklin D. Roosevelt, Yon Berenberg-Gossler; y el Dr. Cuno, antiguo canciller alemán de la época inflacionista de 1923. El I.T.T. de Estados Unidos estaba representado en el consejo por yon Guilleaume y Max Warburg, de la familia bancaria Warburg.

### El Barón Kurt von Schroder y el I.T.T.

No hay constancia de que I.T.T. realizara pagos directos a Hitler antes de la toma del poder por los nazis en 1933. En cambio, se hicieron numerosos pagos a Heinrich Himmler a finales de la década de 1930 y en la propia Segunda Guerra Mundial a través de las filiales alemanas de I.T.T.. La primera reunión entre Hitler y funcionarios de I.T.T. -que sepamos- se produjo en agosto de 1933[88], cuando Sosthenes Behn y el representante alemán de I.T.T. Henry Manne se reunieron con Hitler en Berchesgaden. Posteriormente,

---

[88] *New York Times*, 4 de agosto de 1933.

Behn entró en contacto con el círculo de Keppler (véase el capítulo nueve) y, gracias a la influencia de Keppler, el barón nazi Kurt von Schröder se convirtió en el guardián de los intereses del I.T.T. en Alemania. Schröder actuó como conducto para el dinero de I.T.T. canalizado a la organización S.S. de Heinrich Himmler en 1944, *mientras la Segunda Guerra Mundial estaba en curso, y los Estados Unidos estaban en guerra con Alemania.*[89]

A través de Kurt Schröder, Behn y su I.T.T. obtuvieron acceso a la rentable industria armamentística alemana y compraron participaciones sustanciales en empresas alemanas de armamento, incluidos los aviones Focke-Wolfe. Estas operaciones de armamento obtuvieron pingües beneficios, que podrían haber sido repatriados a la empresa matriz estadounidense. Pero se reinvirtieron en el rearme alemán. Esta reinversión de los beneficios en empresas alemanas de armamento sugiere que las afirmaciones de Wall Street de que era inocente de haber cometido irregularidades en el rearme alemán -y que, de hecho, ni siquiera conocía las intenciones de Hitler- son fraudulentas. En concreto, la compra por parte de I.T.T. de una participación sustancial en Focke-Wolfe significó, como ha señalado Anthony Sampson, que I.T.T. estaba produciendo aviones alemanes utilizados para matar a estadounidenses y a sus aliados, y obtuvo excelentes beneficios de la empresa.

En Kurt von Schröder, I.T.T. tuvo acceso al corazón mismo de la élite del poder nazi. ¿Quién era Schröder? El barón Kurt von Schröder nació en Hamburgo en 1889 en el seno de una antigua y consolidada familia de banqueros alemanes. Un miembro anterior de la familia Schröder se trasladó a Londres, cambió su apellido por Schröder (sin la diéresis) y organizó la firma bancaria J. Henry Schröder en Londres y J. Henry Schröder Banking Corporation en Nueva York. Kurt von Schröder también se convirtió en socio del Bankhaus privado de Colonia, J. H. Stein & Company, fundado a finales del siglo XVIII. Tanto Schröder como Stein habían sido

---

[89] Véase también el capítulo 9 para las pruebas documentales de estos pagos de I.T.T. a la S.S.

promotores, en compañía de financieros franceses, del movimiento separatista alemán de 1919 que intentó separar la rica Renania de Alemania y sus problemas. En esta escapada, destacados industriales de Renania se reunieron en casa de J. H. Stein el 7 de enero de 1919 y unos meses más tarde organizaron una reunión, con Stein como presidente, para desarrollar el apoyo público al movimiento separatista. La acción de 1919 fracasó. El grupo volvió a intentarlo en 1923 y encabezó otro movimiento para separar Renania de Alemania y ponerla bajo la protección de Francia. Este intento también fracasó. Kurt yon Schrader se unió entonces a Hitler y los primeros nazis, y al igual que en los movimientos separatistas de Renania de 1919 y 1923, Schröder representaba y trabajaba para los industriales y fabricantes de armamento alemanes.

A cambio del apoyo financiero e industrial organizado por yon Schrader, más tarde ganó prestigio político. Inmediatamente después de que los nazis llegaran al poder en 1933, Schrader se convirtió en el representante alemán en el Banco de Pagos Internacionales, que Quigley denomina la cúspide del sistema de control internacional, así como en jefe del grupo de banqueros privados que asesoraban al Reichsbank alemán. Heinrich Himmler nombró a Sehroder jefe del Grupo Superior de las S.S., y a su vez Himmler se convirtió en miembro destacado del Círculo de Keppler. (Véase el capítulo nueve.)

En 1938, el Banco Schroder de Londres se convirtió en el agente financiero alemán en Gran Bretaña, representado en las reuniones financieras por su director gerente (y director del Banco de Inglaterra), F.C. Tiarks. Para la Segunda Guerra Mundial, el barón Schrader había adquirido de esta manera una impresionante lista de conexiones políticas y bancarias que reflejaban una amplia influencia; incluso se informó al Comité Kilgore de Estados Unidos que Schrader era lo suficientemente influyente en 1940 como para llevar a Pierre Laval al poder en Francia. Según la lista del Comité Kilgore, las adquisiciones políticas de Sehroder a principios de la década de 1940 fueron las siguientes:

SS Jefe de Grupo Superior.   Grupo de Comercio Mayorista y Exterior - Gerente.

| | |
|---|---|
| Cruz de Hierro de Primera y Segunda Clase. | Akademie fur Deutsches Recht (Academia de Derecho Alemán) - Miembro |
| Cónsul General de Suecia. | Ciudad de Colonia - Concejal. |
| Cámara de Comercio Internacional - Miembro del comité administrativo. | Universidad de Colonia - Miembro del patronato. |
| Consejo de Correos del Reich - Miembro del consejo asesor. | Fundación Kaiser Wilhelm - Senador. |
| Asamblea Alemana de Industria y Comercio - Miembro presidente. | Consejo Consultivo de Germano-albaneses. |
| Miembro del Consejo de Asuntos Económicos del Reich. | Oficina de Compensación de Mercancías - Miembro. |
| Deutsche Reichsbahn - Presidente del Consejo de Administración. | Comité de Trabajo del Grupo de Industria y Comercio del Reich - Vicepresidente[90] |

Las conexiones bancarias de Schröder eran igualmente impresionantes y sus conexiones empresariales (no enumeradas aquí) ocuparían dos páginas:

| | |
|---|---|
| Banco de Pagos Internacionales - Miembro de la dirección. | Deutsche Verkehrs-Kredit-Bank, A.G., Berlín (controlado por Deutsche Reichsbank) - Presidente del Consejo de Administración. |
| J.H. Stein & Co, Colonia - Socio (Banque Worms era corresponsal en Francia). | Deutsche Ueberseeische Bank (controlado por Deutsche Bank, Berlín) - Administrador[91] |
| Deutsche Reichsbank, Berlín. Asesor del consejo de administración. | Wirtschaftsgruppe Private Bankegewerbe - Líder. |

Este fue el Schröder que, después de 1933, representó a Sosthenes Behn de I.T.T. y los intereses de I.T.T. en la Alemania nazi. Precisamente porque Schröder tenía estas excelentes conexiones políticas con Hitler y el Estado nazi, Behn nombró a Schröder miembro de los consejos de administración de todas las empresas

---

[90] *Eliminación de los recursos alemanes*, p. 871.

[91] Ibid.

alemanas de I.T.T.: Standard Electrizitatswerke A.G. de Berlín, C. Lorenz A.G. de Berlín, y Mix & Genest A.G. (en la que Standard tenía una participación del 94 por ciento).

A mediados de la década de 1930 se forjó otro vínculo entre Wall Street y Schröder, esta vez a través de los Rockefeller. En 1936, el negocio de suscripción y valores en general gestionado por J. Henry Schroder Banking Corporation en Nueva York se fusionó en una nueva empresa de banca de inversión: Schroder, Rockefeller & Company, Inc. en el 48 de Wall Street. Carlton P. Fuller, de Schroder Banking Corporation, se convirtió en presidente y Avery Rockefeller, hijo de Percy Rockefeller (hermano de John D. Rockefeller), en vicepresidente y director de la nueva firma. Anteriormente, Avery Rockefeller había estado asociado entre bastidores con J. Henry Schroder Banking Corporation; la nueva firma lo sacó a la luz.[92]

## Westrick, Texaco e I.T.T.

El I.T.T. tenía otro conducto hacia la Alemania nazi, a través del abogado alemán Dr. Gerhard Westrick. Westrick formaba parte de un selecto grupo de alemanes que habían realizado espionaje en Estados Unidos durante la Primera Guerra Mundial. El grupo incluía no sólo a Kurt von Schröder y Westrick, sino también a Franz yon Papen -a quien conoceremos en compañía de James Paul Warburg, del Bank of Manhattan, en el capítulo diez- y al Dr. Heinrich Albert. Albert, supuestamente agregado comercial alemán en Estados Unidos en la Primera Guerra Mundial, se encargaba en realidad de financiar el programa de espionaje de yon Papen. Después de la Primera Guerra Mundial, Westrick y Albert formaron el bufete de abogados Albert & Westrick, que se especializó en los préstamos de reparación de Wall Street y obtuvo grandes beneficios de ellos. El bufete Albert & Westrick se ocupó de la parte alemana de los préstamos bancarios de J. Henry Schroder, mientras que el bufete Sullivan and Cromwell de John Foster Dulles en Nueva York se

---

[92] *New York Times*, 20 de julio de 1936.

ocupó de la parte estadounidense de los préstamos Schroder.

Justo antes de la Segunda Guerra Mundial, la operación de espionaje Albert-Papen-Westrick en Estados Unidos comenzó a repetirse, sólo que esta vez las autoridades estadounidenses estaban más alerta. Westrick llegó a Estados Unidos en 1940, supuestamente como agregado comercial, pero en realidad como representante personal de Ribbentrop. Un flujo de visitantes al influyente Westrick ineludió a destacados directores de empresas petroleras e industriales estadounidenses, y esto llamó la atención del FBI sobre Westrick.

En esta época, Westrick se convirtió en director de todas las operaciones de I.T.T. en Alemania, con el fin de proteger los intereses de I.T.T. durante la esperada participación de Estados Unidos en la guerra europea.[93] Entre sus otras empresas Westrick intentó persuadir a Henry Ford para que cortara los suministros a Gran Bretaña, y el trato de favor dado por los nazis a los intereses de Ford en Francia sugiere que Westrick tuvo un éxito parcial en la neutralización de la ayuda estadounidense a Gran Bretaña.

Aunque la conexión comercial más importante de Westrick en tiempos de guerra en Estados Unidos fue con International Telephone and Telegraph, también representó a otras empresas estadounidenses, entre ellas Underwood Elliott Fisher, propietaria de la empresa alemana Mercedes Buromaschinen A.G.; Eastman Kodak, que tenía una filial de Kodak en Alemania; y la International Milk Corporation, con una filial en Hamburgo. Entre los tratos de Westrick (y el que recibió más publicidad) estaba un contrato para que Texaco suministrara petróleo a la Marina alemana, que arregló con Torkild Rieber, presidente del consejo de Texaco Company.

En 1940 Rieber discutió un acuerdo petrolero con Hermann Goering, y Westrick en Estados Unidos trabajó para la Texas Oil Company. Su automóvil fue comprado con fondos de Texaco, y en

---

[93] Anthony Sampson informa de una reunión entre el vicepresidente del I.T.T., Kenneth Stockton, y Westrick en la que se planeó la conservación de las propiedades del I.T.T.. Véase Anthony Sampson, op. cit., p. 39.

la solicitud de licencia de conducir de Westrick figuraba Texaco como su dirección comercial. Estas actividades se hicieron públicas el 12 de agosto de 1940. Posteriormente, Rieber dimitió de Texaco y Westrick regresó a Alemania. Dos años más tarde, Rieber fue presidente de South Carolina Shipbuilding and Dry Docks, supervisando la construcción de más de 10 millones de dólares en barcos de la Marina estadounidense, y director de Barber Asphalt Corporation, de la familia Guggenheim, y de Seaboard Oil Company, de Ohio.[94]

## I.T.T. en la Alemania de la guerra

En 1939 I.T.T. en Estados Unidos controlaba Standard Elektrizitats en Alemania, y a su vez Standard Elektrizitats controlaba el 94% de Mix & Genest. En el consejo de Standard Elektrizitats estaba el barón Kurt yon Schrader, un banquero nazi en el núcleo del nazismo, y Emil Heinrich Meyer, cuñado del secretario de Estado Keppler (fundador del Círculo Keppler) y director de la General Electric alemana. Schrader y Meyer eran también directores de Mix & Genest y de la otra filial de I.T.T., C. Lorenz Company; ambas filiales de I.T.T. contribuían monetariamente al Círculo de Amigos de Himmler, *es decir,* al fondo para sobornos de las S.S. nazis. Todavía en 1944, Mix & Genest contribuyó con 5.000 RM a Himmler y Lorenz con 20.000 RM. En resumen, durante la Segunda Guerra Mundial International Telephone and Telegraph realizaba pagos en efectivo al líder de las S.S. Heinrich Himmler. Estos pagos permitieron a I.T.T. proteger su inversión en Focke-Wolfe, una empresa de fabricación de aviones de combate utilizados contra los

---

[94] Los informes de que Rieber recibió 20.000 dólares de los nazis carecen de fundamento. Estos informes fueron investigados por el F.B.I. sin que se obtuvieran pruebas. Ver Senado de los Estados Unidos, Subcomité para Investigar la Administración de la. Internal Security Act, Committee on the Judiciary, *Morgenthau Diary (Germany),* Volume I, 90th Congress, 1st Session, November 20, 1967, (Washington: U.S. Government Printing Office, 1967), pp. 316-8. Sobre Rieber, véase también el *Apéndice del Registro del Congreso,* 20 de agosto de 1942, p, A 1501-2, Observaciones del Honorable John M. Coffee.

Estados Unidos.

El interrogatorio de Kurt von Schröder el 19 de noviembre de 1945 señala la naturaleza deliberada de la estrecha y provechosa relación entre el coronel Sosthenes Behn del I.T.T., Westrick, Schröder y la maquinaria de guerra nazi durante la Segunda Guerra Mundial, y que *se trataba de una relación deliberada y con conocimiento de causa:*

Q. En su testimonio anterior nos ha [dicho] una serie de empresas en Alemania en las que participaban International Telephone and Telegraph Company o Standard Electric Company. ¿Tenían International Telephone and Telegraph Company o Standard Electric Company participación en alguna otra empresa en Alemania?

A. Sí. La Compañía Lorenz, poco antes de la guerra, tomó una participación de alrededor del 25 por ciento en Focke-Wolfe A.G. en Bremen. Focke-Wolfe fabricaba aviones para el Ministerio del Aire alemán. Creo que mas tarde, cuando Focke-Wolfe se expandio y tomo mas capital, la participacion de la compania Lorenz bajo un poco por debajo de este 25 por ciento.

Q. ¿Así que esta participación de Lorenz Company en Focke-Wolfe comenzó después de que Lorenz Company fuera propiedad y estuviera controlada casi al 100 por cien por el coronel Behn a través de la International Telephone and Telegraph Company?

A. Sí.

Q. ¿Aprobaba el coronel Behen [sic] esta inversión de la empresa Lorenz en Focke-Wolfe?

A. Estoy seguro de que el coronel Behn dio su aprobación antes de que sus representantes, que estaban en estrecho contacto con él, aprobaran formalmente la transacción.

Q. ¿En qué año realizó la empresa Lorenz la inversión que le dio ese

25 por ciento de participación en Foeke-Wolfe?

A. Recuerdo que fue poco antes del estallido de la guerra, es decir, poco antes de la invasión de Polonia. [Ed: 1939]

P ¿Sabría Westrick todos los detalles de las participaciones de la empresa Lorenz en Foeke-Wolfe, A.G. de Bremen?

A. Sí. Mejor de lo que yo lo haría.

Q. ¿Cuál fue la cuantía de la inversión que Lorenz Company hizo en Focke-Wolfe A.G., de Bremen, que les dio la participación inicial del 25 por ciento?

A. 250.000 mil RM inicialmente, y esto se incrementó sustancialmente, pero no recuerdo el alcance de las inversiones adicionales que Lorenz Company hizo a este Focke-Wolfe A.G. de Bremen.

Q. Desde 1055, hasta el estallido de la guerra europea, ¿estaba el coronel Behn en condiciones de transferir los beneficios de las inversiones de sus empresas en Alemania a sus empresas en Estados Unidos?

A. Sí. Aunque hubiera requerido que sus compañías tomaran un poco menos que los dividendos completos debido a la dificultad de asegurar el cambio de divisas, el gran grueso de las ganancias podría haber sido transferido a la compañía del Coronel Behn en los Estados Unidos. Sin embargo, el coronel Behn no optó por hacerlo y en ningún momento me preguntó si yo podía lograrlo por él. En cambio, parecía estar perfectamente contento de tener todos los beneficios de las empresas en Alemania, que él y sus intereses controlaban, reinvirtiendo estos beneficios en nuevos edificios y maquinaria y cualquier otra empresa dedicada a la producción de armamento.

Otra de estas empresas, Huth and Company, G.m.b.H., de Berlín, que fabricaba piezas de radio y radar, muchas de las cuales se utilizaban en equipos destinados a las Fuerzas Armadas alemanas. Según recuerdo, la empresa Lorenz tenía una participación del 50% en Huth and Company. La empresa Lorenz también tenía una pequeña filial que actuaba como agencia de ventas de la empresa Lorenz a clientes privados.

Q. Usted fue miembro del consejo de administración de Lorenz Company, desde aproximadamente 1935 hasta la actualidad. Durante este tiempo, Lorenz Company y algunas de las otras empresas, como Foeke-Wolfe, con la que tenía grandes participaciones, se dedicaban a la fabricación de equipos para armamento y producción bélica. ¿Sabía usted o había oído hablar de alguna protesta del coronel Behn o de sus representantes contra estas empresas dedicadas a estas actividades de preparación de Alemania para la guerra?

A. No.

Q. ¿Está seguro de que no hubo ninguna otra ocasión en la que Westrick, Mann [sic], el coronel Behn o cualquier otra persona relacionada con los intereses de la International Telephone and Telegraphic Company en Alemania le pidieran que interviniera en nombre de la empresa ante las autoridades alemanas?

A. Sí. No recuerdo ninguna solicitud de mi intervención en ningún asunto de importancia para la Compañía Lorenz o cualquier otro interés de International Telephone and Telegraph en Alemania.

*He leído el acta de este interrogatorio y juro que las respuestas que he dado a las preguntas de los Sres. Adams y Pajus son verdaderas a mi leal saber y entender. s/Kurt yon Schröder*

Fue esta historia de cooperación entre el I.T.T. y los nazis durante la Segunda Guerra Mundial y la asociación del I.T.T. con el nazi Kurt von Schröder lo que el I.T.T. *quiso* ocultar, y casi consiguió ocultar. James Stewart Martin cuenta cómo durante las reuniones de planificación de la División Financiera de la Comisión de Control se le asignó trabajar con el capitán Norbert A. Bogdan, que sin uniforme era vicepresidente de la J. Henry Schroder Banking

Corporation de Nueva York. Martin cuenta que "el capitán Bogdan había argumentado enérgicamente contra la investigación del Stein Bank alegando que era 'poca cosa'".[95] Poco después de bloquear esta maniobra, dos miembros permanentes del personal de Bogdan solicitaron permiso para investigar el Stein Bank, a pesar de que Colonia aún no había caído en manos de las fuerzas estadounidenses. Martin recuerda que "la División de Inteligencia la bloqueó", por lo que sobrevivió cierta información sobre la operación Stein-Schröder Bank-I.T.T.

---

[95] James Stewart Martin, op. cit., p. 52.

# Capítulo 6

## Henry Ford y los nazis

> *Me gustaría destacar la importancia que conceden los altos cargos [nazis] a respetar el deseo y mantener la buena voluntad de "Ford", y por "Ford" me refiero a tu padre, a ti mismo y a la Ford Motor Company, Dearborn.*
>
> (Josiah E. Dubois, Jr, Generales con trajes grises, Londres: The Bodley Head, 1953, p. 250.)

Henry Ford suele considerarse una especie de enigma entre la élite de Wall Street. Durante muchos años, en los años 20 y 30, Ford fue conocido popularmente como enemigo del establishment financiero. Ford acusó a Morgan y a otros de utilizar la guerra y la revolución como vía para obtener beneficios y su influencia en los sistemas sociales como medio de ascenso personal. En 1938, Henry Ford, en sus declaraciones públicas, había dividido a los financieros en dos clases: los que se beneficiaban de la guerra y utilizaban su influencia para provocar guerras con fines lucrativos, y los financieros "constructivos". Entre estos últimos incluía ahora a la Casa Morgan. Durante una entrevista *en el New York Times* en 1938[96] Ford afirmó que:

> *Alguien dijo una vez que sesenta familias han dirigido los destinos de la nación. Bien podría decirse que si alguien centrara la atención en veinticinco personas que manejan las finanzas de la nación, los verdaderos artífices de la guerra mundial saldrían a la luz.*

---

[96] 4 de junio de 1938, 2:2.

El periodista *del Times* preguntó a Ford cómo equiparaba esta valoración con sus antiguas críticas a la Casa de Morgan, a lo que Ford respondió:

> *Hay un Wall Street constructivo y otro destructivo. La Casa Morgan representa lo constructivo. Conozco al Sr. Morgan desde hace muchos años. Respaldó y apoyó a Thomas Edison, que también era mi buen amigo...*

Tras exponer los males de la limitada producción agrícola - supuestamente provocada por Wall Street-, Ford prosiguió,

> *... si estos financieros se salieran con la suya, ahora estaríamos en guerra. Quieren la guerra porque ganan dinero con esos conflictos, con la miseria humana que traen las guerras.*

Por otra parte, cuando indagamos detrás de estas declaraciones públicas descubrimos que Henry Ford y su hijo Edsel Ford han estado a la vanguardia de los empresarios estadounidenses que intentan caminar a ambos lados de todas las vallas ideológicas en busca de beneficios. Utilizando los propios criterios de Ford, los Ford se encuentran entre los elementos "destructivos".

Fue Henry Ford quien en los años 30 construyó la primera fábrica moderna de automóviles de la Unión Soviética (situada en Gorki) y quien en los años 50 y 60 fabricó los camiones utilizados por los norvietnamitas para transportar armas y municiones para utilizarlas contra los estadounidenses.[97] Casi al mismo tiempo, Henry Ford fue también el más famoso de los patrocinadores extranjeros de Hitler, y fue recompensado en los años 30 por este apoyo duradero con la más alta condecoración nazi para extranjeros.

Este favor nazi suscitó una tormenta de controversia en Estados

---

[97] Una lista de estos vehículos Gorki y sus números de modelo se encuentra en Antony G. Sutton, *National Suicide: Military Aid to the Soviet* Union, (Nueva York: Arlington House Publishers, 1973), Tabla 7-2, p. 125.

Unidos y acabó degenerando en un intercambio de notas diplomáticas entre el Gobierno alemán y el Departamento de Estado. Aunque Ford protestó públicamente que no le gustaban los gobiernos totalitarios, encontramos en la práctica que Ford se benefició a sabiendas de ambos bandos de la Segunda Guerra Mundial: de las plantas francesas y alemanas que producían vehículos con beneficio para la Wehrmacht, y de las plantas estadounidenses que construían vehículos con beneficio para el ejército estadounidense.

Las protestas de inocencia de Henry Ford sugieren, como veremos en este capítulo, que no aprobaba que los financieros judíos se beneficiaran de la guerra (como algunos han hecho), pero si el antisemita Morgan[98] y Ford se beneficiaban de la guerra eso era aceptable, moral y "constructivo".

### Henry Ford: el primer patrocinador extranjero de Hitler

El 20 de diciembre de 1922, *el New York Times* informó en[99] de que el fabricante de automóviles Henry Ford estaba financiando los movimientos nacionalistas y antisemitas de Adolfo Hitler en Munich.

Simultáneamente, el periódico berlinés *Berliner Tageblatt* hizo un llamamiento al embajador estadounidense en Berlín para que investigara y detuviera la intervención de Henry Ford en los asuntos internos alemanes. Se informó de que los patrocinadores extranjeros de Hitler habían amueblado un "espacioso cuartel general" con una "multitud de lugartenientes y funcionarios muy bien pagados." El retrato de Henry Ford ocupaba un lugar destacado en las paredes del despacho personal de Hitler:

> *La pared detrás de su escritorio en el despacho privado de Hitler está decorada con una gran foto de Henry Ford.*

---

[98] La Casa de Morgan era conocida por sus opiniones antisemitas.

[99] Página 2, columna 8.

En la antesala hay una gran mesa cubierta de libros, casi todos los cuales son una traducción de un libro escrito y publicado por Henry Ford.[100]

El mismo informe *del New York Times* comentaba que el anterior Sunday Hitler había pasado revista,

> *El llamado Batallón de Asalto..., 1.000 jóvenes con flamantes uniformes y armados con revólveres y cachiporras, mientras Hitler y sus secuaces circulaban en dos potentes automóviles recién estrenados.*

*El Times* hizo una clara distinción entre los partidos monárquicos alemanes y el partido fascista antisemita de Hitler. Henry Ford, se señalaba, ignoró a los monárquicos Hohenzollern e invirtió su dinero en el movimiento revolucionario hitleriano.

Estos fondos de Ford fueron utilizados por Hitler para fomentar la rebelión bávara. La rebelión fracasó y Hitler fue capturado y posteriormente llevado a juicio. En febrero de 1923 en el juicio, el vicepresidente Auer de la Dieta Bávara testificó:

> *La Dieta bávara tiene desde hace tiempo la información de que el movimiento hitleriano fue financiado en parte por un jefe antisemita americano, que es Henry Ford. El interés del Sr. Ford por el movimiento antisemita bávaro comenzó hace un año, cuando uno de los agentes del Sr. Ford, buscando vender tractores, entró en contacto con Diedrich Eichart, el notorio panalemán. Poco después, Herr Eichart pidió ayuda financiera al agente del Sr. Ford. El agente regresó a América e inmediatamente el dinero del Sr. Ford empezó a llegar a Munich.*
>
> *Herr Hitler se jacta abiertamente del apoyo del Sr. Ford y lo elogia como un gran individualista y un gran antisemita. Una fotografía del Sr. Ford cuelga en los*

---

[100] Ibid.

*aposentos de Herr Hitler, que es el centro del movimiento monárquico.*[101]

Hitler fue condenado a una leve y cómoda pena de prisión por sus actividades revolucionarias en Baviera. El descanso de actividades más activas le permitió escribir *Mein Kampf*. El libro de Henry Ford, *El judío internacional*, difundido anteriormente por los nazis, fue traducido por ellos a una docena de idiomas, y Hitler utilizó secciones del libro textualmente al escribir *Mein Kampf*.[102]

Veremos más adelante que el apoyo de Hitler a finales de los años 20 y principios de los 30 procedía de los cárteles de la industria química, siderúrgica y eléctrica, más que directamente de industriales individuales. En 1928 Henry Ford fusionó sus activos alemanes con los del cártel químico I.G. Farben. Una participación sustancial, el 40% de Ford Motor A.G. de Alemania, se transfirió a I.G. Farben; Carl Bosch de I.G. Farben se convirtió en jefe de Ford A.G. Motor en Alemania.

Simultáneamente, en Estados Unidos, Edsel Ford se incorporó al consejo de administración de la estadounidense I.G. Farben. (Véase el capítulo 2.)

### Henry Ford recibe una medalla nazi

Una década más tarde, en agosto de 1938 -después de que Hitler hubiera alcanzado el poder con la ayuda de los cárteles-, Henry Ford recibió la Gran Cruz del Águila Alemana, una condecoración nazi para extranjeros distinguidos. *El New York Times* informó de que era la primera vez que se concedía la Gran Cruz en Estados Unidos

---

[101] Jonathan Leonard, *The Tragedy of Henry Ford*, (Nueva York: G.P. Putnam's Sons, 1932), p. 208. Véase también U.S. State Department Decimal File, National Archives Microcopy M 336, Roll 80, Document 862.00S/6, "Money sources of Hitler", un informe de la embajada estadounidense en Berlín.

[102] Véase al respecto Keith Sward, *The Legend of Henry Ford*, (Nueva York: Rinehart & Co, 1948), p. 139.

y que era para celebrar el 75 cumpleaños de Henry Ford.[103]

La condecoración levantó una tormenta de críticas en los círculos sionistas de EE.UU. Ford dio marcha atrás hasta el punto de reunirse públicamente con el rabino Leo Franklin, de Detroit, para expresar su simpatía por la difícil situación de los judíos alemanes:

> *Mi aceptación de una medalla del pueblo alemán [dijo Ford] no implica, como algunos parecen pensar, ninguna simpatía por mi parte hacia el nazismo. Quienes me conocen desde hace muchos años se dan cuenta de que todo lo que engendra odio me resulta repulsivo.*[104]

La cuestión de las medallas nazis fue retomada en un discurso pronunciado en Cleveland por el Secretario de Interior Harold Ickes. Ickes criticó tanto a Henry Ford como al coronel Charles A. Lindbergh por aceptar medallas nazis. La parte curiosa del discurso de Ickes, pronunciado en un banquete de la Sociedad Sionista de Cleveland, fue su crítica a los "judíos ricos" y a *su* adquisición y uso de la riqueza:

> *Un error cometido por un millonario no judío se refleja sólo en él, pero un paso en falso dado por un judío rico se refleja en toda su raza. Esto es duro e injusto, pero es un hecho que hay que afrontar.*[105]

Tal vez Ickes se refería tangencialmente a las funciones de los Warburg en el cártel de I.G. Farben: Los Warburg estaban en la junta de I.G. Farben en los EE.UU. y Alemania. En 1938 los Warburg fueron expulsados por los nazis de Alemania. Otros judíos alemanes, como los banqueros Oppenheim, hicieron las paces con los nazis y se les concedió el "estatus ario honorario."

---

[103] *New York Times*, 1 de agosto de 1938.

[104] Ibídem, 1 de diciembre de 1938, 12:2.

[105] Ibídem, 19 de diciembre de 1938, 5:3.

## Ford Motor Company ayuda al esfuerzo bélico alemán

Un subcomité del Congreso de posguerra que investigaba el apoyo estadounidense al esfuerzo militar nazi describió la forma en que los nazis lograron obtener ayuda técnica y financiera estadounidense como "bastante fantástica".[106] Entre otras pruebas, se mostró al Comité un memorándum preparado en las oficinas de Ford-Werke A.G. el 25 de noviembre de 1941, escrito por el Dr. H. F. Albert a R. H. Schmidt, entonces presidente del consejo de Ford-Werke A.G. El memorándum citaba las ventajas de tener la mayoría de la empresa alemana en manos de Ford Motor Company en Detroit. La Ford alemana había podido intercambiar piezas Ford por caucho y materiales críticos de guerra necesarios en 1938 y 1939 "y no habrían podido hacerlo si Ford no hubiera sido propiedad de Estados Unidos". Además, con una participación mayoritariamente estadounidense, la Ford alemana "podría intervenir más fácilmente y dominar las participaciones de la Ford en toda Europa." Incluso se informó al Comité de que dos altos cargos alemanes de Ford habían mantenido una agria disputa personal sobre quién debía controlar Ford de Inglaterra, hasta el punto de que "uno de ellos finalmente se levantó y abandonó la sala disgustado."

Según las pruebas presentadas a la Comisión, Ford-Werke A.G. se transformó técnicamente a finales de los años treinta en una empresa alemana. Todos los vehículos y sus piezas eran fabricados en Alemania, por trabajadores alemanes y con materiales alemanes, bajo dirección alemana, y exportados a territorios europeos y de ultramar de Estados Unidos y Gran Bretaña.

Las materias primas extranjeras necesarias, caucho y metales no férreos, se obtenían a través de la empresa americana Ford. La influencia americana se había convertido más o menos en una posición de apoyo *(Hilfsstellung)* para las plantas alemanas de Ford.

Al estallar la guerra, Ford-Werke se puso a disposición de la

---

[106] *Eliminación de los recursos alemanes*, p. 656.

Wehrmacht para la producción de armamento. Los nazis supusieron que mientras Ford-Werke A.G. tuviera mayoría estadounidense, sería posible poner a las restantes empresas europeas de Ford bajo la influencia alemana -es decir, la de Ford-Werke A.G.- y así ejecutar las políticas nazis de la "Gran Europa" en las plantas de Ford en Ámsterdam, Amberes, París, Budapest, Bucarest y Copenhague:

> *Una mayoría, aunque sea pequeña, de americanos es esencial para la transmisión de los modelos americanos más recientes, así como de los métodos de producción y venta americanos. Con la supresión de la mayoría americana, se perdería esta ventaja, así como la intervención de la Ford Motor Company para obtener materias primas y exportaciones, y la planta alemana prácticamente sólo valdría por su capacidad de maquinaria.*[107]

Y, por supuesto, este tipo de estricta neutralidad, adoptando un punto de vista internacional en lugar de nacional, ya había dado sus frutos a Ford Motor Company en la Unión Soviética, donde Ford gozaba de gran estima como el máximo exponente de la eficacia técnica y económica que debían alcanzar los stajanovistas.

En julio de 1942 llegaron a Washington noticias de Ford de Francia sobre las actividades de Ford en favor del esfuerzo bélico alemán en Europa. La información incriminatoria fue rápidamente enterrada y aún hoy sólo puede rastrearse en Washington una parte de la documentación conocida.

Sabemos, sin embargo, que el cónsul general de Estados Unidos en Argelia tenía en su poder una carta de Maurice Dollfuss, de French Ford -que afirmaba ser el primer francés en ir a Berlín tras la caída de Francia-, a Edsel Ford sobre un plan mediante el cual Ford Motor podría contribuir al esfuerzo bélico nazi. French Ford era capaz de producir 20 camiones al día para la Wehrmacht, que [escribió

---

[107] *Eliminación de los recursos alemanes*, pp. 657-8.

Dollfuss] es mejor que,

> *... nuestros competidores franceses menos afortunados. La razón es que nuestros camiones son muy solicitados por las autoridades alemanas y creo que mientras dure la guerra y al menos durante algún tiempo, todo lo que produzcamos será adquirido por las autoridades alemanas..... Me daré por satisfecho diciéndole que... la actitud que ha adoptado, junto con su padre, de estricta neutralidad, ha sido una baza inestimable para la producción de sus empresas en Europa.*[108]

Dollfuss reveló que los beneficios de este negocio alemán ascendían ya a 1,6 millones de francos, y que los beneficios netos para 1941 eran de nada menos que 58.000.000 de francos - porque los alemanes pagaban puntualmente la producción de Ford. Al recibir esta noticia, Edsel Ford envió un telegrama:

> *Me alegra saber que estás progresando. Sus cartas son muy interesantes. Soy plenamente consciente de la gran desventaja a la que se enfrenta. Espero que usted y su familia estén bien.*
>
> *Saludos.*
>
> *s/ Edsel Ford*[109]

Aunque hay pruebas de que las plantas europeas propiedad de los intereses de Wall Street no fueron bombardeadas por la Fuerza Aérea estadounidense en la Segunda Guerra Mundial, esta restricción aparentemente no llegó al Mando de Bombardeo británico. En marzo de 1942, la Royal Air Force bombardeó la planta de Ford en Poissy, Francia. Una carta posterior de Edsel Ford al Director General de Ford, Sorenson, sobre esta incursión de la

---

[108] Josiah E. Dubois, Jr., *Generals in Grey Suits*, (Londres: The Bodley Head, 1958), p. 248.

[109] Ibídem, p. 249.

RAF comentaba: "En los periódicos americanos se publicaron *fotografías* de la planta en llamas, pero afortunadamente no se hacía referencia a la Ford Motor Company".[110] En cualquier caso, el gobierno de Vichy pagó a Ford Motor Company 38 millones de francos como compensación por los daños causados a la planta de Poissy. La prensa estadounidense no se hizo eco de este hecho, que difícilmente sería apreciado por los norteamericanos en guerra contra el nazismo. Dubois afirma que estos mensajes privados de Ford en Europa fueron transmitidos a Edsel Ford por el subsecretario de Estado Breckenridge Long. Se trataba del mismo Secretario Long que un año más tarde suprimió mensajes privados a través del Departamento de Estado relativos al exterminio de judíos en Europa. 16 La divulgación de esos mensajes podría haber servido para ayudar a esa gente desesperada.

Un informe de inteligencia de bombardeo de la Fuerza Aérea de EE.UU. escrito en 1943 señaló que,

> *Las principales actividades en tiempos de guerra [de la planta Ford] son probablemente la fabricación de camiones ligeros y de piezas de repuesto para todos los camiones y coches Ford en servicio en la Europa del Eje (incluidos los Molotov rusos capturados).*[111]

Por supuesto, los Molotov rusos se fabricaron en la planta de Ford en Gorki, Rusia. En Francia, durante la guerra, la producción de automóviles de pasajeros se sustituyó por completo por la de vehículos militares, para lo cual se añadieron tres grandes edificios a la fábrica de Poissy. El edificio principal contenía unas 500 máquinas-herramienta, "todas importadas de Estados Unidos e incluyendo un buen puñado de los tipos más complejos, como las talladoras de engranajes Gleason, las automáticas Bullard y las

---

[110] Ibídem, p. 251.

[111] Ibid.

taladradoras Ingersoll".[112]

Ford también extendió sus actividades bélicas al norte de África. En diciembre de 1941 se registró en Francia una nueva Ford Company, Ford-Afrique, a la que se concedieron todos los derechos de la antigua Ford Motor Company, Ltd. de Inglaterra en Argelia, Túnez, Marruecos francés, el Ecuador francés y el África Occidental francesa. El norte de África no era accesible para la Ford británica, por lo que esta nueva Ford Company -registrada en la Francia ocupada por los alemanes- se organizó para llenar ese vacío. Los directores eran pro-nazis e incluían a Maurice Dollfuss (corresponsal de Edsel Ford) y Roger Messis (descrito por el Cónsul General de los EE.UU. en Argel como "conocido en esta oficina por su reputación de falta de escrúpulos, se afirma que es un 100 por ciento pro-alemán").[113] El Cónsul General de EE.UU. también informó que la propaganda era común en Argel sobre

> ... la colaboración del capital franco-alemán-estadounidense y la cuestionable sinceridad del esfuerzo bélico estadounidense, [ya] se está señalando con el dedo acusador una transacción que ha sido durante mucho tiempo tema de discusión en los círculos comerciales.[114]

En resumen, existen pruebas documentales de que Ford Motor Company colaboró en ambos bandos de la Segunda Guerra Mundial. Si los industriales nazis juzgados en Nuremberg eran culpables de crímenes contra la humanidad, también debían serlo sus compañeros colaboradores de la familia Ford, Henry y Edsel Ford. Sin embargo, la historia de Ford fue ocultada por Washington - aparentemente como casi todo lo demás que pudiera tocar el nombre y el sustento de la élite financiera de Wall Street.

---

[112] U.S. Army Air Force, *Aiming point report No I.E.2*, 29 de mayo de 1943.

[113] Archivo Decimal del Departamento de Estado de EE.UU., 800/610.1.

[114] Ibid.

# Capítulo VII

## ¿Quién financió a Adolf Hitler?

La financiación de Hitler y del movimiento nazi aún no se ha explorado en profundidad. El único examen publicado de las finanzas personales de Hitler es un artículo de Oron James Hale, "Adolph Hitler: Taxpayer,[115] que recoge los roces de Adolph con las autoridades fiscales alemanas antes de convertirse en *Reichskanzler*, En la década de 1920 Hitler se presentó ante el fisco alemán como un simple escritor empobrecido que vivía de préstamos bancarios, con un automóvil comprado a crédito. Lamentablemente, los registros originales utilizados por Hale no revelan el origen de los ingresos, préstamos o créditos de Hitler, y la legislación alemana "no exigía a los trabajadores autónomos o profesionales revelar en detalle las fuentes de ingresos o la naturaleza de los servicios prestados."[116] Obviamente, los fondos para los automóviles, el secretario privado Rudolf Hess, otro ayudante, un chófer y los gastos ocasionados por la actividad política, procedían de algún sitio.

Pero, al igual que la estancia de León Trotsky en Nueva York en 1917, es difícil conciliar los gastos conocidos de Hitler con la fuente precisa de sus ingresos.

### Algunos de los primeros partidarios de Hitler

Sabemos que destacados industriales europeos y estadounidenses patrocinaban todo tipo de grupos políticos totalitarios en aquella época, incluidos comunistas y diversos grupos nazis. El Comité

---

[115] *The American Historical Review*, Volumen LC, NO. 4, July. 1955. p, 830.

[116] Ibid, nota (2).

Kilgore de EE.UU. registra que:

> En 1919, Krupp ya prestaba ayuda financiera a uno de los grupos políticos reaccionarios que sembraron la semilla de la actual ideología nazi. Hugo Stinnes fue uno de los primeros contribuyentes al Partido Nazi (National Socialistische Deutsche Arbeiter Partei). En 1924, otros destacados industriales y financieros, entre ellos Fritz Thyssen, Albert Voegler, Adolph [sic] Kirdorf y Kurt von Schroder, donaban en secreto importantes sumas a los nazis. En 1931, los miembros de la asociación de carboneros que dirigía Kirdorf se comprometieron a pagar 50 pfennigs por cada tonelada de carbón vendida, dinero que se destinaría a la organización que Hitler estaba construyendo.[117]

El juicio de Hitler en Múnich en 1924 aportó pruebas de que el Partido Nazi recibió 20.000 dólares de industriales de Núremberg. El nombre más interesante de este periodo es el de Emil Kirdorf, que anteriormente había actuado como conducto para financiar la participación alemana en la Revolución Bolchevique.[118] El papel de Kirdorf en la financiación de Hitler fue, según sus propias palabras:

> En 1923 entré en contacto por primera vez con el movimiento nacionalsocialista..... Escuché por primera vez al Führer en la Sala de Exposiciones de Essen. Su clara exposición me convenció por completo y me sobrecogió. En 1927 conocí al Führer personalmente. Viajé a Munich y allí mantuve una conversación con el Führer en casa de los Bruckmann. Durante cuatro horas y media Adolf Hitler me explicó su programa en detalle. Entonces le rogué al Führer que recopilara la

---

[117] *Elimination of German Resources*, p. 648. El Albert Voegler mencionado en la lista del Comité Kilgore de los primeros partidarios de Hitler era el representante alemán en la Comisión del Plan Dawes. Owen Young, de General Electric (véase el capítulo tres), fue representante estadounidense en el Plan Dawes y formuló su sucesor, el Plan Young.

[118] Antony C. Sutton, *Wall Street y la revolución bolchevique*, op. cit.

> *conferencia que me había dado en forma de panfleto. Distribuí este folleto en mi nombre en círculos empresariales y manufactureros.*
>
> *Poco después de nuestra conversación de Munich, y como resultado del panfleto que el Führer redactó y yo distribuí, se celebraron varias reuniones entre el Führer y personalidades destacadas del campo de la industria. Por última vez antes de la toma del poder, los dirigentes de la industria se reunieron en mi casa junto con Adolf Hitler, Rudolf Hess, Hermann Goering y otras personalidades destacadas del partido.*[119]

En 1925, la familia Hugo Stinnes aportó fondos para convertir el semanario nazi *Volkischer Beobachter* en una publicación diaria. Putzi Hanfstaengl, amigo y protegido de Franklin D. Roosevelt, aportó los fondos restantes. La Tabla 7-1 resume las contribuciones financieras conocidas actualmente y las asociaciones empresariales de los contribuyentes de Estados Unidos. Putzi no figura en la tabla 7-1 porque no era ni industrial ni financiero.

A principios de la década de 1930, la ayuda financiera a Hitler comenzó a fluir con mayor facilidad. Tuvo lugar en Alemania una serie de reuniones, irrefutablemente documentadas en varias fuentes, entre industriales alemanes, el propio Hitler y, más a menudo, los representantes de Hitler, Hjalmar Schacht y Rudolf Hess. El punto crítico es que los industriales alemanes que financiaban a Hitler eran predominantemente directores de carteles con asociaciones, propiedad, participación o algún tipo de conexión subsidiaria estadounidense. Los patrocinadores de Hitler no eran, en general, empresas de origen puramente alemán o representativas de empresas familiares alemanas. A excepción de Thyssen y Kirdoff, en la mayoría de los casos se trataba de empresas multinacionales alemanas, *es decir*, I.G. Farben, A.E.G., DAPAG, *etc.* Estas multinacionales se habían creado gracias a préstamos estadounidenses en los años veinte, y a principios de los treinta

---

[119] *Preussiche Zettung*, 3 de enero de 1937.

contaban con directores estadounidenses y una fuerte participación financiera estadounidense.

Un flujo de fondos políticos extranjeros que no se considera aquí es el procedente de la Royal Dutch Shell, con sede en Europa, la gran competidora de Standard Oil en los años 20 y 30, y la gigantesca creación del empresario anglo-holandés Sir Henri Deterding. Se ha afirmado ampliamente que Henri Deterding financió personalmente a Hitler. Este argumento lo expone, por ejemplo, el biógrafo Glyn Roberts en *The Most Powerful Man in the World (El hombre más poderoso del mundo)*. Roberts señala que Deterding ya estaba impresionado con Hitler en 1921:

> ... y la prensa holandesa informó de que, a través del agente Georg Bell, él [Deterding] había puesto a disposición de Hitler, mientras el partido estaba "todavía con los trajes largos", nada menos que cuatro millones de florines.[120]

Se informó (por Roberts) que en 1931 Georg Bell, agente de Deterding, asistió a reuniones de Patriotas Ucranianos en París "como delegado conjunto de Hitler y Deterding."[121] Roberts también informa:

> Deterding fue acusado, como atestigua Edgar Ansell Mowrer en su obra Germany Puts the Clock Back, de poner una gran suma de dinero para los nazis en el entendimiento de que el éxito le daría una posición más favorecida en el mercado petrolero alemán. En otras ocasiones se mencionaron cifras tan elevadas como 55.000.000 de libras esterlinas.[122]

---

[120] Glyn Roberts, *El hombre más poderoso del mundo*, (Nueva York: Covicl, Friede, 1938), p. 305.

[121] Ibídem, p. 313.

[122] Ibídem, p. 322.

El biógrafo Roberts realmente encontró desagradable el fuerte antibolchevismo de Deterding, y en lugar de presentar pruebas fehacientes de financiación se inclina por suponer en lugar de probar que Deterding era pro-Hitler. Pero el prohitlerismo no es una consecuencia necesaria del antibolchevismo; en cualquier caso Roberts no ofrece ninguna prueba de financiación, y este autor no ha encontrado pruebas fehacientes de la implicación de Deterding.

El libro de Mowrer no contiene ni índice ni notas a pie de página sobre la fuente de su información y Roberts no tiene pruebas concretas de sus acusaciones. Hay pruebas circunstanciales de que Deterding era pro nazi. Más tarde se fue a vivir a la Alemania de Hitler y aumentó su participación en el mercado alemán del petróleo. Así que puede haber habido algunas contribuciones, pero no han sido probadas.

Del mismo modo, en Francia (el 11 de enero de 1932), Paul Faure, miembro *de la Chambre des Députés*, acusó a la empresa industrial francesa Schneider-Creuzot de financiar a Hitler, y de paso implicó a Wall Street en otras vías de financiación.[123]

El grupo Schneider es una famosa empresa francesa de fabricación de armamento. Después de recordar la influencia de Schneider en el establecimiento del fascismo en Hungría y sus extensas operaciones internacionales de armamento, Paul Fauré pasa a Hitler, y cita del periódico francés *Le Journal*, "que Hitler había recibido 300.000 francos suizos de oro" de suscripciones abiertas en Holanda bajo el caso de un profesor universitario llamado von Bissing. La planta de Skoda en Pilsen, declaró Paul Fauré, estaba controlada por la familia francesa Schneider, y fueron los directores de Skoda von Duschnitz y von Arthaber quienes hicieron las suscripciones a Hitler. Fauré concluyó:

> *... Me inquieta ver a los directivos de Skoda, controlada por Schneider, subvencionando la campaña electoral de*

---

[123] Véase *Chambre des Deputes - Debats*, 11 de febrero de 1932, pp. 496-500.

*M. Hitler; me inquieta ver a sus empresas, a sus financieros, a sus cárteles industriales unirse con el más nacionalista de los alemanes...*

Una vez más, no se encontraron pruebas fehacientes de este supuesto flujo de fondos de Hitler.

### Fritz Thyssen y W.A. Harriman Company de Nueva York

Otro caso elusivo de supuesta financiación de Hitler es el de Fritz Thyssen, el magnate alemán del acero que se asoció con el movimiento nazi a principios de los años veinte. Cuando fue interrogado en 1945 en el marco del Proyecto Dustbin,[124] Thyssen recordó que el general Ludendorf se puso en contacto con él en 1923, en el momento de la evacuación francesa del Ruhr. Poco después de este encuentro, Thyssen fue presentado a Hitler y proporcionó fondos a los nazis a través del general Ludendorf. En 1930-1931 Emil Kirdorf se puso en contacto con Thyssen y posteriormente envió a Rudolf Hess a negociar más fondos para el Partido Nazi. Esta vez Thyssen organizo un credito de 250,000 marcos en el Bank Voor Handel en Scheepvaart N.V. en 18 Zuidblaak en Rotterdam, Holanda, fundado en 1918 con H.J. Kouwenhoven y D.C. Schutte como socios gerentes.[125] Este banco era una filial del August Thyssen Bank of Germany (anteriormente von der Heydt's Bank A.G.). Era la operación bancaria personal de Thyssen y estaba afiliada a los intereses financieros de W. A. Harriman en Nueva York. Thyssen informó a sus interrogadores del Proyecto Dustbin que:

> *Elegí un banco holandés porque no quería mezclarme con bancos alemanes en mi posición, y porque pensé que era mejor hacer negocios con un banco holandés, y pensé*

---

[124] U.S. Group Control Council (Alemania0 Oficina del Director de Inteligencia, Agencia de Información de Campo, Técnica). Intelligence Report No. EF/ME/1,4 de septiembre de 1945. "Examination of Dr. Fritz Thyssen," p, 13, en adelante citado como Examination of Dr. Fritz Thyssen.

[125] El Banco era conocido en Alemania como *Bank fur Handel und Schiff.*

que tendría a los nazis un poco más en mis manos.[126]

El libro de Thyssen *Yo pagué a Hitler*, publicado en 1941, fue supuestamente escrito por el propio Fritz Thyssen, aunque éste niega su autoría. El libro afirma que los fondos para Hitler -alrededor de un millón de marcos- procedían principalmente del propio Thyssen. *I Paid Hitler* contiene otras afirmaciones sin fundamento, por ejemplo que Hitler descendía en realidad de un hijo ilegítimo de la familia Rothschild. Supuestamente, la abuela de Hitler, Frau Schickelgruber, había sido sirvienta en la casa de los Rothschild y allí se quedó embarazada:

> ... *una investigación ordenada en su día por el difunto canciller austriaco, Engelbert Dollfuss, arrojó algunos resultados interesantes, debido a que los expedientes del departamento de policía del monarca austrohúngaro eran notablemente completos.*[127]

Esta afirmación relativa a la ilegitimidad de Hitler queda totalmente refutada en un libro de Eugene Davidson de base más sólida, que implica a la familia Frankenberger, no a la familia Rothschild.

En cualquier caso, y más relevante desde nuestro punto de vista, el banco de fachada de August Thyssen en Holanda -es *decir,* el Bank voor Handel en Scheepvaart N.V.- controlaba la Union Banking Corporation en Nueva York. Los Harriman tenían intereses financieros y E. Roland Harriman (hermano de Averell) era director de esta Union Banking Corporation. La Union Banking Corporation de Nueva York era una operación conjunta Thyssen-Harriman con los siguientes directores en 1932 :[128]

---

[126] Examen del Dr. Fritz Thyssen.

[127] Fritz Thyssen, *I Paid Hitler*, (Nueva York: Farrar & Rinehart, Inc., 1941). p. 159.

[128] Tomado de *Bankers Directory*, !932 edición, p, 2557 y Poors, *Directory of Directors*. J.L. Guinter y Knight Woolley también fueron directores.

| | |
|---|---|
| E. Roland HARRIMAN | Vicepresidente de W. A. Harriman & Co., Nueva York |
| H.J. KOUWENHOVEN | Banquero nazi, socio gerente del August Thyssen Bank y del Bank voor Handel Scheepvaart N.V. (banco de transferencia de los fondos de Thyssen). |
| J. G. GROENINGEN | Vereinigte Stahlwerke (el cártel del acero que también financió a Hitler) |
| C. LIEVENSE | Presidente, Union Banking Corp., Nueva York City |
| E. S. JAMES | Socio de Brown Brothers, más tarde Brown Brothers, Harriman & Co. |

Al cerrar estos tratos con Rusia en 1929, Averell Harriman recibió un beneficio inesperado de un millón de dólares de los soviéticos, que suelen ser muy testarudos y tienen fama de no regalar nada sin alguna *contrapartida* presente o futura. Paralelamente a estos exitosos movimientos en las finanzas internacionales, Averell Harriman siempre se ha sentido atraído por el llamado servicio "público". En 1913, el servicio "público" de Harriman comenzó con un nombramiento para la Comisión del Parque Palisades. En 1933, Harriman fue nombrado presidente del Comité de Empleo del Estado de Nueva York, y en 1934 se convirtió en Oficial Administrativo de la NRA de Roosevelt, la idea de Gerard Swope, de General Electric, que se parecía a Mussolini.[129] Siguieron una serie de cargos "públicos", primero el programa Lend Lease, luego como embajador en la Unión Soviética y más tarde como Secretario de Comercio.

Al cerrar estos tratos con Rusia en 1929, Averell Harriman recibió un beneficio inesperado de un millón de dólares de los soviéticos, que tienen fama de no regalar nada sin alguna *contrapartida* presente o futura. Paralelamente a estos exitosos movimientos en las finanzas internacionales, Averell Harriman siempre se ha sentido atraído por el llamado servicio "público". En 1913, el servicio "público" de Harriman comenzó con un nombramiento para la Comisión del Parque Palisades. En 1933, Harriman fue nombrado

---

[129] Véase Antony C. Sutton, *Wall Street and FDR*. Capítulo nueve, "El plan de Swope", *op. cit.*

presidente del Comité de Empleo del Estado de Nueva York, y en 1934 se convirtió en Oficial Administrativo de la NRA de Roosevelt, la idea de Gerard Swope, de General Electric, que se parecía a Mussolini.[130] Siguieron una serie de cargos "públicos", primero el programa Lend Lease, luego como embajador en la Unión Soviética y más tarde como Secretario de Comercio.

---

[130] Véase Antony C. Sutton, *Wall Street and FDR*. Capítulo nueve, "El plan de Swope", *op. cit.*

## TABLA 7-1: VÍNCULOS FINANCIEROS ENTRE INDUSTRIALES ESTADOUNIDENSES Y ADOLF HITLER

| | | Fecha | Banqueros e industriales estadounidenses | Empresa estadounidense afiliada | Fuente alemana | | Intermediario para fondos/agente |
|---|---|---|---|---|---|---|---|
| 35.000 RM | "Nationale Treuhand" | | | | | | |
| 300.000 RM | "Nationale Treuhand" | 1923 | Henry FORD | FORD MOTOR COMPANY | - | | - |
| 200.000 RM | "Nationale Treuhand" | 1931 | E.R. HARRIMAN | UNION BANKING CORP | Fritz THYSSEN | 250.000 RM | Bank voor Handel en Scheepvaart N.V. (Filial de August Thyssen Bank) |
| 50.000 RM | "Nationale Treuhand" | 1932 | | Flick (director de AEG) | Friedrich FLICK | 150.000 RM | Directo al NSDAP |
| 36.000 RM | "Nationale" | | | | Emil KIRDORF | 600.000 RM | "Nationale" |
| | | Febrero-marzo 1933 | Edsel B. FORD C.E. MITCHELL | AMERICAN I.G. | I.G. FARBEN | 400.000 RM | "Nationale Treuhand" |
| | Heinrich Himmler S.S. vía Círculo de Keppler | Febrero-marzo 1933 | Walter TEAGLE Paul M. WARBURG | NONE | Reichsverband der Automobilindustrie (Federación de | 100.000 RM | "Nationale Treuhand" |
| | Heinrich Himmler S.S. vía Círculo de Keppler | Febrero-marzo 1933 | Gerard SWOPE Owen D. YOUNG C.H. MINOR | INTERNATIONAL GENERAL ELECTRIC | A.E.G. | 60.000 RM | "Nationale Treuhand" |
| | | Febrero-marzo 1933 | E. Arthur BALDWIN | NONE | DEMAG | 50.000 RM | "Nationale Treuhand" |
| | | Febrero-marzo 1933 | Owen D. YOUNG | INTERNATIONAL GENERAL ELECTRIC | OSRAM G.m.b.H. | 40.000 RM | "Nationale Treuhand" |

| Telefunken | Karl Herrman | A. Steinke (Director de BYBUAG) | Karl Lange (Industria de F. Springorum | Carl BOSCH (I.G. Farben y Ford Motor A.G.) | Emil HELFFRICH (German-American | Kurt von SCHRÖDER Mix & Genest Lorenz |
|---|---|---|---|---|---|---|
| I.T.T. | NONE | NONE | NONE | NONE | Ford Motor Co. | Standard Oil de N.J. | I.T.T. |
| Sóstenes BEHN | | | | | Edsel B. FORD | Walter TEAGLE J.A. MOFFETT W.S. FARISH | Sóstenes BEHN |
| Febrero-marzo de 1933 | Febrero-marzo de 1933 | Febrero-marzo de 1933 | Febrero-marzo de 1933 | Febrero-marzo de 1933 | Febrero-marzo de 1933 | 1932-1944 | 1932-1944 |

Por el contrario, E. Roland Harriman limitó sus actividades a negocios privados en finanzas internacionales sin aventurarse, como hizo su hermano Averell, en el servicio "público". En 1922, Roland y Averell fundaron W. A. Harriman & Company. Más tarde, Roland pasó a ser presidente del consejo de administración de Union Pacific Railroad y director de la revista *Newsweek*, de Mutual Life Insurance Company de Nueva York, miembro del consejo de administración de la Cruz Roja Americana y miembro del Museo Americano de Historia Natural.

El financiero nazi Hendrik Jozef Kouwenhoven, compañero de Roland Harriman en la Union Banking Corporation de Nueva York, era director gerente del Bank voor Handel en Scheepvaart N.V. (BHS) de Rotterdam. En 1940, el BHS poseía unos activos de 2,2 millones de dólares en el Union Banking Corporation, que a su vez realizaba la mayor parte de sus negocios con el BHS.[131] En la década

---

[131] Véase *Eliminación de los recursos alemanes*, pp. 728-30.

de 1930, Kouwenhoven también fue director de Vereinigte Stahlwerke A.G., el cártel del acero fundado con fondos de Wall Street a mediados de la década de 1920. Al igual que el barón Schroder, era un destacado partidario de Hitler.

Otro director de la New York Union Banking Corporation era Johann Groeninger, un súbdito alemán con numerosas afiliaciones industriales y financieras que incluían a Vereinigte Stahlwerke, el grupo August Thyssen y un cargo directivo en August Thyssen Hutte A.G.[132]

Esta afiliación y los intereses comerciales mutuos entre Harriman y los intereses Thyssen no sugieren que los Harriman financiaran directamente a Hitler. En cambio, sí demuestra que los Harriman estaban íntimamente relacionados con los destacados nazis Kouwenhoven y Groeninger y con un banco de fachada nazi, el Bank voor Handel en Scheepvaart. Hay muchas razones para creer que los Harriman conocían el apoyo de Thyssen a los nazis. En el caso de los Harriman, es importante tener en cuenta su larga e íntima relación con la Unión Soviética y la posición de los Harriman en el centro del New Deal de Roosevelt y del Partido Demócrata. Las pruebas sugieren que algunos miembros de la élite de Wall Street están relacionados con *todas las* agrupaciones políticas significativas del espectro socialista mundial contemporáneo -el socialismo soviético, el nacionalsocialismo de Hitler y el socialismo del New Deal de Roosevelt-, y ciertamente tienen influencia sobre ellas.

## Financiación de Hitler en las elecciones generales de marzo de 1933

Dejando a un lado los casos Georg Bell-Deterding y Thyssen-Harriman, examinemos ahora el núcleo del apoyo a Hitler. En mayo de 1932 tuvo lugar la llamada "Reunión Kaiserhof" entre Schmitz de I.G. Farben, Max Ilgner de American I.G. Farben, Kiep de

---

[132] Para otras conexiones entre la Union Banking Corp. y las empresas alemanas, véase Ibídem, pp. 728-30.

Hamburg-America Line, y Diem del German Potash Trust. En esta reuni?n se recaudaron m?s de 500.000 marcos que se depositaron a cr?dito de Rudolf Hess en el Deutsche Bank. Es notable, a la luz del "mito de Warburg" descrito en el Capitulo Diez que Max Ilgner del I.G. Farben americano contribuyo 100,000 RM, o un- quinto del total. El libro "Sidney Warburg" afirma la implicación de Warburg en la financiación de Hitler, y Paul Warburg era director de American I.G. Farben[133] mientras que Max Warburg era director de I.G. Farben.

Existen pruebas documentales irrefutables de otro papel de banqueros e industriales internacionales en la financiación del Partido Nazi y del *Volkspartie* para las elecciones alemanas de marzo de 1933. Un total de tres millones de Reichmarks fueron suscritos por prominentes firmas y hombres de negocios, convenientemente "lavados" a través de una cuenta en el Delbruck Schickler Bank, y luego pasaron a manos de Rudolf Hess para ser utilizados por Hitler y el NSDAP. A esta transferencia de fondos siguió el incendio del Reichstag, la derogación de los derechos constitucionales y la consolidación del poder nazi. Los incendiarios accedieron al Reichstag a través de un túnel desde una casa en la que se alojaba Putzi Hanfstaengel; el propio incendio del Reichstag fue utilizado por Hitler como pretexto para abolir los derechos constitucionales. En resumen, a las pocas semanas de la importante financiación de Hitler se produjo una secuencia encadenada de grandes acontecimientos: la contribución financiera de destacados banqueros e industriales a las elecciones de 1933, el incendio del Reichstag, la abolición de los derechos constitucionales y la posterior toma del poder por el Partido Nazi.

La reunión para recaudar fondos se celebró el 20 de febrero de 1933 en casa de Goering, entonces presidente del Reichstag, con Hjalmar Horace Greeley Schacht como anfitrión. Entre los presentes, según von Schnitzler de I.G. Farben, se encontraban:

> *Krupp von Bohlen, que a principios de 1933 era*

---

[133] Véase el Capítulo Diez.

*presidente de la Reichsverband der Deutschen Industrie Asociación de la Industria Alemana del Reich; el Dr. Albert Voegler, dirigente de la Vereinigte Stahlwerke; Von Loewenfeld; el Dr, Stein, jefe de la Gewerkschaft Auguste-Victoria, mina perteneciente al IG.*[134]

Hitler expuso sus ideas políticas a los empresarios reunidos en un largo discurso de dos horas y media, en el que utilizó la amenaza del comunismo y de una toma del poder por parte de los comunistas con gran efecto:

> *No basta con decir que no queremos el comunismo en nuestra economía. Si continuamos con nuestro viejo rumbo político, pereceremos.... La tarea más noble del líder es encontrar ideales que sean más fuertes que los factores que unen al pueblo. Ya en el hospital me di cuenta de que había que buscar nuevos ideales que condujeran a la reconstrucción. Los encontré en el nacionalismo, en el valor de la personalidad y en la negación de la reconciliación entre las naciones...*
> 
> *Ahora nos encontramos ante las últimas elecciones. Independientemente del resultado, no habrá marcha atrás, incluso si las próximas elecciones no aportan una decisión, en un sentido o en otro. Si las elecciones no deciden, la decisión deberá tomarse por otros medios. He intervenido para dar al pueblo una vez más la oportunidad de decidir su destino por sí mismo....*
> 
> *Sólo hay dos posibilidades, o se hace retroceder al adversario por motivos constitucionales, y para ello una vez más estas elecciones; o se librará una lucha con otras armas, que puede exigir mayores sacrificios. Espero que el pueblo alemán reconozca así la grandeza de la*

---

[134] *NMT*, volumen VII, p. 555.

*hora.*[135]

Tras la intervención de Hitler, Krupp von Bohlen expresó el apoyo de los industriales y banqueros reunidos en la forma concreta de un fondo político de tres millones de marcos. Resultó ser más que suficiente para adquirir el poder, porque 600.000 marcos quedaron sin gastar después de las elecciones.

Hjalmar Schacht organizó esta reunión histórica. Ya hemos descrito anteriormente los vínculos de Schacht con Estados Unidos: su padre era cajero de la sucursal berlinesa de Equitable Assurance, y Hjalmar mantenía una relación íntima, casi mensual, con Wall Street.

El mayor contribuyente al fondo fue I.G. Farben, que se comprometió con el 80% (o 500.000 marcos) del total. El director A. Steinke, de BUBIAG (Braunkohlen-u. Brikett-Industrie A.G.), una filial de I.G. Farben, contribuyó personalmente otros 200.000 marcos. En resumen, el 45 por ciento de los fondos para las elecciones de 1933 vinieron de I.G. Farben. Si nos fijamos en los directores de American I.G. Farben -la filial estadounidense de I.G. Farben- nos acercamos a las raíces de la implicación de Wall Street con Hitler. El consejo de administración de American I.G. Farben contaba en aquel momento con algunos de los nombres más prestigiosos entre los industriales estadounidenses: Edsel B. Ford, de la Ford Motor Company, C.E. Mitchell, del Banco de la Reserva Federal de Nueva York, y Walter Teagle, director del Banco de la Reserva Federal de Nueva York, de la Standard Oil Company de Nueva Jersey y de la Georgia Warm Springs Foundation del presidente Franklin D. Roosevelt.

Paul M. Warburg, primer director del Banco de Reserva Federal de Nueva York y presidente del Banco de Manhattan, era un director de Farben y en Alemania su hermano Max Warburg era también un director de I.G, Farben. H. A. Metz de I.G. Farben era también un

---

[135] Josiah E. Dubois, Jr., *Generals in Grey Suits*, op. cit. p. 323.

director del Banco de Manhattan de Warburg. Finalmente, Carl Bosch de I.G. Farben americano era también un director de Ford Motor Company A-G en Alemania.

Tres miembros de la junta directiva de la estadounidense I.G. Farben fueron declarados culpables en los Juicios por Crímenes de Guerra de Núremberg: Max Ilgner, F. Ter Meer y Hermann Schmitz. Como hemos señalado, los miembros americanos del consejo - Edsel Ford, C. E. Mitchell, Walter Teagle, y Paul Warburg - no fueron juzgados en Nuremberg, y por lo que se refiere a los registros, parece que ni siquiera fueron interrogados sobre su conocimiento del fondo de Hitler de 1933.

## Las contribuciones políticas de 1933

¿Quiénes fueron los industriales y banqueros que pusieron fondos electorales a disposición del Partido Nazi en 1933? La lista de contribuyentes y el importe de su contribución es la siguiente:

**CONTRIBUCIONES FINANCIERAS A HITLER: Feb. 23-Mar. 13, 1933:**

(La cuenta de Hjalmar Schacht en Delbruck, Banco Schickler)

| Contribuciones políticas de las empresas (con directores afiliados seleccionados) | Importe pignorado | Porcentaje del total de la empresa |
|---|---|---|
| Verein fuer die Bergbaulichen Interessen (Kitdorf) | $600,000 | 45.8 |
| I.G. Farbenindustrie (Edsel Ford, C.E. Mitchell, Walter Teagle, Paul Warburg) | 400,000 | 30.5 |
| Salón del Automóvil de Berlín (Reichsverbund der Automobilindustrie S.V.) | 100,000 | 7.6 |

| | | |
|---|---|---|
| A.E.G., German General Electric (Gerard Swope, Owen Young, C.H. Minor, Arthur Baldwin) | 60,000 | 4.6 |
| Demag | 50,000 | 3.8 |
| Osram G.m.b.H. (Owen Young) | 40,000 | 3.0 |
| Telefunken Gesellsehaft ruer drahtlose Telegraphic | 85,000 | 2.7 |
| Accumulatoren-Fabrik A.G. (Quandt de A.E.G.) | 25,000 | 1.9 |
| Total de la industria | 1,310,000 | 99.9 |

Más contribuciones políticas de empresarios individuales:

| | |
|---|---|
| Karl Hermann | 300,000 |
| Director A. Steinke (BUBIAG- Braunkohlen-u. Brikett - Industrie A.G.) | 200,000 |
| Dir. Karl Lange (Geschaftsfuhrendes Vostandsmitglied des Vereins Deutsches Maschinenbau-Anstalten) | 50,000 |
| Dr. F. Springorum (Presidente: Eisenund Stahlwerke Hoesch A.G.) | 36,000 |

*Fuente:* Véase la traducción del documento original en el Apéndice.

¿Cómo podemos probar que estos pagos políticos tuvieron lugar realmente? Los pagos a Hitler en este último paso en el camino hacia el nazismo dictatorial se realizaron a través del banco privado Delbruck Sehickler. El banco Delbruck Schickler era una filial de Metallgesellschaft A.G. ("Metall"), un gigante industrial, la mayor empresa de metales no ferrosos de Alemania, y la influencia dominante en el "comercio" mundial de metales no ferrosos. Los principales accionistas de *"Metall"* eran I.G. Farben y la British Metal Corporation. Cabe señalar, por cierto, que los directores británicos en el "Metall" *Aufsichsrat* eran Walter Gardner

(Amalgamated Metal Corporation) y el capitán Oliver Lyttelton (también en el consejo de Amalgamated Metal y, paradójicamente, más tarde en la Segunda Guerra Mundial para convertirse en el Ministro británico de Producción).

Existen entre los papeles del Juicio de Nuremberg los recibos de transferencia originales de la división bancaria de I.G. Farben y otras empresas enumeradas en la página 110 al Delbruck Schickler Bank de Berlín, informando al banco de la transferencia de fondos del Dresdner Bank, y otros bancos, a su cuenta *Nationale Treuhand* (Fideicomiso Nacional). Esta cuenta fue desembolsada por Rudolf Hess para gastos del Partido Nazi durante las elecciones. La traducción del resguardo de transferencia de I.G. Farben, seleccionado como muestra, es la siguiente:

Traducción de la carta de I.G. Farben del 27 de febrero de 1933, avisando de la transferencia de 400.000 Reichsmarks a la cuenta de la administración fiduciaria nacional a :

*I.G. FARBENINDUSTRIE AKTIENGESELLSCHAFT*

*Departamento bancario*

*Firma: Delbruck Schickler & Co., BERLÍN W.8*

*Mauerstrasse 63/65, Fráncfort del Meno 20*

*Nuestra referencia: (Mencionar en la respuesta)*

*27 de febrero de 1933 B./Goe.*

*Por la presente le informamos que hemos autorizado al Dresdner Bank de Frankfurt/M., a pagarle mañana por la mañana: RM 400.000 que usted utilizará a favor de la cuenta "NATIONALE TREUHAND" (Tutela Nacional).*

*Respetuosamente,*

I.G. Farbenindustrie Aktiengesellschaft por orden:

(Firmado) SELCK (Firmado) BANGERT

Por entrega especial.[136]

En esta coyuntura debemos tomar nota de los esfuerzos que se han hecho para desviar nuestra atención de los financieros estadounidenses (y de los financieros alemanes relacionados con empresas afiliadas a Estados Unidos) que participaron en la financiación de Hitler. Por lo general, la culpa de la financiación de Hitler se ha atribuido exclusivamente a Fritz Thyssen o Emil Kirdorf. En el caso de Thyssen, esta culpa fue ampliamente difundida en un libro supuestamente escrito por Thyssen en medio de la Segunda Guerra Mundial, pero posteriormente repudiado por él.[137] No se explica por qué Thyssen querría admitir tales acciones antes de la derrota del nazismo.

Emil Kirdorf, fallecido en 1937, siempre estuvo orgulloso de su asociación con el ascenso del nazismo. El intento de limitar la financiación de Hitler a Thyssen y Kirdorf se extendió hasta los juicios de Nuremberg en 1946, y sólo fue cuestionado por el delegado soviético. Incluso el delegado soviético no estaba dispuesto a presentar pruebas de las asociaciones estadounidenses; esto no es sorprendente porque la Unión Soviética depende de la buena voluntad de estos mismos financieros para transferir a la U.R.S.S. la tecnología occidental avanzada que tanto necesita.

En Nuremberg se hicieron y se permitieron declaraciones que eran directamente contrarias a las pruebas directas conocidas presentadas anteriormente. Por ejemplo, Buecher, Director General de German General Electric, fue absuelto de simpatizar con Hitler:

---

[136] *NMT*, Tomo VII, p. 565.

[137] Fritz Thyssen, *I Paid Hitler*, (Nueva York: Toronto: Farrat & Rinehart, Inc., 1941).

> Thyssen ha confesado su error como un hombre y ha pagado valientemente una dura pena por ello. En el otro lado se sitúan hombres como Reusch de la Gutehoffnungshuette, Karl Bosch, el difunto presidente del Aufsichtsrat de I.G. Farben, que muy probablemente habría tenido un triste final, de no haber muerto a tiempo. Sus sentimientos fueron compartidos por el vicepresidente del Aufsichtsrat de Kalle. Las empresas Siemens y AEG que, junto a I.G. Farben, eran las empresas alemanas más poderosas, se oponían decididamente al nacionalsocialismo.
>
> Sé que esta actitud poco amistosa de Siemens hacia los nazis hizo que la empresa recibiera un trato bastante duro. El director general de la AEG (Allgemeine Elektrizitats Gesellschaft), Geheimrat Buecher, a quien conocía de mi estancia en las colonias, era cualquier cosa menos un nazi. Puedo asegurar al general Taylor que es ciertamente erróneo afirmar que los principales industriales como tales favorecieron a Hitler antes de su toma del poder.[138]

Sin embargo, en la página 56 de este libro reproducimos un documento originado en General Electric, por el que se transfieren fondos de General Electric a la cuenta del Fideicomiso Nacional controlada por Rudolf Hess en nombre de Hitler y utilizada en las elecciones de 1933.

Del mismo modo, von Schnitzler, que estuvo presente en la reunión de febrero de 1933 en nombre de I.G. Farben, negó las contribuciones de I.G. Farben al Nationale Treuhand de 1933:

> Nunca volví a oír hablar de todo el asunto [el de la financiación de Hitler], pero creo que el buro de Goering o Schacht o la Reichsverband der Deutschen Industrie habían solicitado a la oficina de Bosch o Schmitz el pago de la parte del IG en el fondo electoral. Como no retomé

---

[138] *NMT*, Volumen VI, pp. 1169-1170.

*el asunto, ni siquiera en aquel momento supe si el IG había pagado y qué cantidad. Según el volumen del GI, debo estimar que la parte del GI fue algo así como el 10 por ciento del fondo electoral, pero que yo sepa no hay ninguna prueba de que I.G. Farben participara en los pagos.*[139]

Como hemos visto, las pruebas son incontrovertibles en cuanto a las contribuciones de dinero político a Hitler en el momento crucial de la toma del poder en Alemania - y el discurso anterior de Hitler a los industriales reveló claramente que una toma coercitiva era la intención premeditada.

Sabemos exactamente quién contribuyó, cuánto y a través de qué canales. Es notable que los mayores contribuyentes -I.G. Farben, German General Electric (y su empresa afiliada Osram), y Thyssen- estaban afiliados a financieros de Wall Street. Estos financieros de Wall Street estaban en el corazón de la élite financiera y eran prominentes en la política estadounidense contemporánea. Gerard Swope, de General Electric, fue el autor del New Deal de Roosevelt, Teagle fue uno de los principales administradores de la NRA, Paul Warburg y sus socios de American

I.G. Farben fueron asesores de Roosevelt. Quizá no sea una extraordinaria coincidencia que el New Deal de Roosevelt - denominado "medida fascista" por Herbert Hoover- se pareciera tanto al programa de Hitler para Alemania, y que tanto Hitler como Roosevelt tomaran el poder el mismo mes del mismo año: marzo de 1933.

---

[139] *NMT*, Tomo VII, p. 565.

# Capítulo VIII

## Putzi: Amigo de Hitler y Roosevelt

Ernst Sedgewiek Hanfstaengl (o Hanfy o Putzi, como se le solía llamar), al igual que Hjalmar Horaee Greeley Sehacht, fue otro germano-estadounidense en el núcleo del ascenso del hitlerismo. Hanfstaengl nació en el seno de una conocida familia de Nueva Inglaterra; era primo del general de la Guerra Civil John Sedgewiek y nieto de otro general de la Guerra Civil, William Heine. Presentado a Hitler a principios de la década de 1920 por el capitán Truman-Smith, agregado militar estadounidense en Berlín, Putzi se convirtió en un ferviente partidario de Hitler, en ocasiones financió a los nazis y, según el embajador William Dodd, "... se dice que salvó la vida de Hitler en 1923".[140]

Casualmente, el padre del líder de las S.S., Heinrich Himmler, fue también el profesor de Putni en el gimnasio Royal Bavarian Wilhelms. Los amigos de Putzi en la Universidad de Harvard eran "figuras futuras tan destacadas" como Walter Lippman, John Reed (que ocupa un lugar destacado en *Wall Street y la revolución bolchevique*) y Franklin D. Roosevelt. Tras unos años en Harvard, Putzi estableció el negocio familiar de arte en Nueva York; era una deliciosa combinación de negocios y placer, pues como él mismo dice, "los nombres famosos que me visitaban eran legión, Pierpont Morgan, Toscanini, Henry Ford, Caruso, Santos-Dumont, Charlie Chaplin, Paderewski y una hija del presidente Wilson".[141] Fue también en Harvard donde Putzi entabló amistad con el futuro

---

[140] William E. Dodd, *Ambassador Dodd's Diary, 1933-1938*, (Nueva York: Harcourt, Brace & Co., 1941), p. 360.

[141] Ernst Hanfstaengl, *Unheard Witness*, (Nueva York: J.B. Lippincott, 1957), p. 28.

Presidente Franklin Delano Roosevelt:

> La mayor parte de mis comidas las tomaba en el Harvard Club, donde hice amistad con el joven Franklin D. Roosevelt, por aquel entonces senador en ascenso por el estado de Nueva York. También recibí varias invitaciones para visitar a su primo lejano Teddy, el ex Presidente, que se había retirado a su finca de Sagamore Hill.[142]

A partir de estas variadas amistades (o quizá después de leer este libro y sus predecesores, *Wall Street y FDR* y *Wall Street y la revolución bolchevique*, el lector pueda considerar que la amistad de Putzi se limitó a un círculo peculiarmente elitista), Putzi se convirtió no sólo en uno de los primeros amigos, patrocinadores y financieros de Hitler, sino que entre aquellos primeros partidarios de Hitler fue, "casi la única persona que cruzó las líneas de sus grupos de conocidos (de Hitler)".[143]

En resumen, Putzi fue un ciudadano estadounidense en el corazón del entorno de Hitler desde principios de los años veinte hasta finales de los treinta. En 1943, tras caer en desgracia con los nazis y ser internado por los Aliados, Putzi fue rescatado de las miserias de un campo de prisioneros de guerra canadiense por su amigo y protector el Presidente Franklin D. Roosevelt. Cuando las acciones de FDR amenazaron con convertirse en un problema político interno en Estados Unidos, Putzi fue internado de nuevo en Inglaterra. Por si no fuera suficientemente sorprendente que tanto Heinrich Himmler como Franklin D. Roosevelt ocuparan un lugar destacado en la vida de Putzi, también descubrimos que las canciones de marcha de los soldados de asalto nazis fueron compuestas por Hanfstaengl, "incluida la que tocaron las columnas de camisas pardas mientras marchaban por Brandenburger Tor el día en que Hitler se hizo con

---

[142] Ibid.

[143] Ibídem, p. 52.

el poder".[144] Para colmo, Putzi afirmó que la génesis del cántico nazi "Sieg Heil, Sieg Heil", utilizado en los mítines de masas nazis, no era otra que "Harvard, Harvard, Harvard, rah, rah, rah".[145]

No cabe duda de que Putzi ayudó a financiar el primer diario nazi, el *Volkische Beobachter*. Si salvó la vida de Hitler de los comunistas es menos verificable, y aunque se mantuvo al margen del proceso de redacción real de *Mein Kampf* -muy a su pesar- Putzi tuvo el honor de financiar su publicación, "y el hecho de que Hitler encontrara un personal que funcionaba cuando salió de la cárcel se debió enteramente a nuestros esfuerzos".[146]

Cuando Hitler llegó al poder en marzo de 1933, simultáneamente con Franklin Delano Roosevelt en Washington, se envió un "emisario" privado desde Roosevelt en Washington D.C. a Hanfstaengl en Berlín, con un mensaje en el sentido de que, como parecía que Hitler alcanzaría pronto el poder en Alemania, Roosevelt esperaba, en vista de su larga relación, que Putzi hiciera todo lo posible para evitar cualquier imprudencia y calentura. "Piensa en cómo tocas el piano e intenta utilizar el pedal suave si las cosas se ponen demasiado fuertes", fue el mensaje de FDR. *"Si las cosas empiezan a ponerse incómodas, por favor, ponte en contacto con nuestro embajador de inmediato.*[147]

Hanfstaengl se mantuvo en estrecho contacto con el embajador estadounidense en Berlín, William E. Dodd, al parecer para su disgusto, porque los comentarios que Putzi grabó sobre Dodd son claramente poco halagüeños:

> *En muchos sentidos, él [Dodd] era un representante insatisfactorio. Era un modesto y pequeño profesor de historia sureño, que dirigía su embajada con muy poco*

---

[144] Ibídem, p. 53.
[145] Ibídem, p. 59.
[146] Ibídem, p. 122.
[147] Ibídem, pp. 197-8.

> *dinero y que probablemente intentaba ahorrar dinero de su sueldo. En un momento en el que se necesitaba un millonario robusto para competir con la ostentación de los nazis, él se tambaleaba con autosuficiencia como si todavía estuviera en su campus universitario. Su mente y sus prejuicios eran pequeños.*[148]

De hecho, el embajador Dodd trató de rechazar el nombramiento de Roosevelt como embajador. Dodd no tenía herencia y prefería vivir de su sueldo en el Departamento de Estado antes que del botín político; a diferencia del político, Dodd era exigente con las personas de las que recibía dinero. En cualquier caso, Dodd comentó con la misma dureza sobre Putzi, "... dio dinero a Hitler en 1923, le ayudó a escribir *Mein Kampf*, y estaba familiarizado en todos los sentidos con los motivos de Hitler....".

¿Era Hanfstaengl un agente del establishment liberal estadounidense? Probablemente podemos descartar esta posibilidad porque, según Ladislas Farago, fue Putzi quien dio el soplo sobre la penetración británica de alto nivel en el mando de Hitler. Farago informa de que el barón William S. de Ropp había penetrado en las más altas esferas nazis en los días anteriores a la Segunda Guerra Mundial y Hitler utilizaba a de Ropp "... como su asesor confidencial sobre asuntos británicos".[149] Sólo Putzi sospechaba que De Ropp era un agente doble. Según Farago:

> *La única persona... que alguna vez sospechó de tal duplicidad y advirtió al Führer sobre él fue el errático Putzt Hanfstaengl, el jefe educado en Harvard de la oficina de Hitler que se ocupaba de la prensa extranjera.*

Como señala Farago, "Bill de Ropp hacía de las suyas en ambos bandos: un agente doble en lo más alto".[150] Putzi fue igualmente

---

[148] Ibídem, p. 214.

[149] Ladislas Farago, *El juego de los zorros*, (Nueva York: Bantam, 1973), p. 97.

[150] Ibídem, p. 106.

diligente a la hora de advertir a sus amigos, los Hermann Goerings, sobre posibles espías en *su* campamento. Veamos el siguiente extracto de las memorias de Putzi, en el que acusa de espionaje al jardinero de los Goering...

> *"Herman", le dije un día, "apuesto lo que quieras a que compañero Greinz es un espía de la policía". "Ahora en serio, Putzi", intervino Karin [la señora de Herman Goertng], "es un tipo tan simpático y es un jardinero maravilloso". "Hace exactamente lo que debe hacer un espía", le dije, "se ha hecho indispensable".[151]*

En 1941, Putzi ya no gozaba del favor de Hitler y los nazis, huyó de Alemania y fue internado en un campo de prisioneros de guerra canadiense. Con Alemania y Estados Unidos ahora en guerra, Putzi volvió a calcular las probabilidades y concluyó: *"Ahora sabía con certeza que Alemania sería derrotada"*.[152] La liberación de Putzi del campo de prisioneros de guerra se produjo gracias a la intervención personal de su viejo amigo, el Presidente Roosevelt:

> *Un día, un corresponsal de la prensa de Hearst llamado Kehoe obtuvo permiso para visitar Fort Hens. Conseguí tener unas palabras con él en un rincón. "Conozco bien a su jefe", le dije. "¿Me haría un pequeño favor?". Afortunadamente reconoció mi nombre.*
>
> *Le di una carta que se metió en el bolsillo. Estaba dirigida al Secretario de Estado norteamericano, Cordell Hull. Pocos días después estaba sobre la mesa de mi amigo del Harvard Club, Franklin Delano Roosevelt. En ella me ofrecía como asesor político y de guerra psicológica en la guerra contra Alemania.[153]*

---

[151] Ernst Hanfstaengl, *Testigo inaudito, op. cit.*, p. 76.

[152] Ibid.

[153] Ibídem, pp. 310-11.

La respuesta y la oferta de "trabajar" para el bando estadounidense fueron aceptadas. Putzi se instaló en un entorno confortable, con su hijo, el sargento del ejército estadounidense Egon Hanfstaengl, también allí como ayudante personal. En 1944, bajo la presión de una amenaza republicana de denunciar el favoritismo de Roosevelt por un antiguo nazi, Egon fue enviado a Nueva Guinea y Putzi se largó a Inglaterra, donde los británicos lo internaron de inmediato mientras durara la guerra, Roosevelt or no Roosevelt.

## El papel de Putzi en el incendio del Reichstag

Las amistades y manipulaciones políticas de Putzi pueden o no tener grandes consecuencias, pero su papel en el incendio del Reichstag es significativo. El incendio del Reichstag el 27 de febrero de 1933 es uno de los acontecimientos clave de los tiempos modernos. El incendio fue utilizado por Adolf Hitler para proclamar la inminente revolución comunista, suspender los derechos constitucionales y hacerse con el poder totalitario. A partir de ese momento no hubo vuelta atrás para Alemania; el mundo se encaminó hacia la Segunda Guerra Mundial.

En su momento se culpó del incendio del Reichstag a los comunistas, pero desde una perspectiva histórica hay pocas dudas de que el fuego fue provocado deliberadamente por los nazis para proporcionarles una excusa para hacerse con el poder político. Fritz Thyssen comentó en los interrogatorios del Dustbin de la posguerra:

> *Cuando se quemó el Reichstag, todo el mundo estaba seguro de que lo habían hecho los comunistas. Más tarde supe en Suiza que todo era mentira.*[154]

Schacht afirma rotundamente:

> *Hoy en día estaría bastante claro que esta acción no podría atribuirse al Partido Comunista. Será difícil*

---

[154] Informe *del cubo de basura* EF/Me/1. Entrevista a Thyssen, p. 13.

*determinar hasta qué punto los nacionalsocialistas cooperaron en la planificación y ejecución del acto, pero en vista de todo lo que se ha revelado hasta ahora, debe aceptarse el hecho de que Goebbels y Goering desempeñaron cada uno un papel destacado, el uno en la planificación, el otro en la ejecución del plan.*[155]

El incendio del Reichstag fue provocado deliberadamente, probablemente utilizando un líquido inflamable, por un grupo de expertos. Aquí es donde entra en escena Putzi Hanfstaengl. La pregunta clave es cómo consiguió este grupo, empeñado en provocar el incendio, acceder al Reichstag para realizar el trabajo. Después de las 8 de la tarde, sólo una puerta del edificio principal estaba abierta y vigilada. Poco antes de las 21.00 horas, un recorrido por el edificio realizado por los vigilantes indicó que todo estaba en orden; no se observaron líquidos inflamables ni nada fuera de lo normal en la Sala de Sesiones, donde se inició el incendio. Al parecer, nadie pudo acceder al edificio del Reichstag después de las 21.00 horas, y no se vio entrar ni salir a nadie entre las 21.00 horas y el inicio del incendio.

Sólo había una forma de que un grupo con material inflamable pudiera haber entrado en el Reichstag: a través de un túnel que discurría entre el Reichstag y el Palacio del Presidente del Reichstag. Hermann Goering era presidente del Reichstag y vivía en el Palacio, y se sabía que numerosos hombres de las S.A. y las S.S. estaban en el Palacio. En palabras de un autor:

*El uso del pasadizo subterráneo, con todas sus complicaciones, sólo era posible para los nacionalsocialistas, el avance y la huida de la banda incendiaria sólo era factible con la connivencia de empleados altamente situados en el Reichstag. Todos los indicios, todas las probabilidades apuntan condenatoriamente en una dirección, a la conclusión de*

---

[155] Hjalmar Horace Greeley Schacht, *Confessions of" The Old Wizard,"* (Boston: Houghton Mifflin, 1956), p. 276.

que el incendio del Reichstag fue obra de nacionalsocialistas.[156]

¿Cómo encaja Putzi Hanfstaengl en este cuadro de incendio provocado e intriga política? Putzi -según confesión propia- se encontraba en la sala del Palacio, al otro lado del túnel que conducía al Reichstag. Y según *El proceso del incendio del Reichstag*, Putzi Hanfstaengl se encontraba en el propio Palacio durante el incendio:

> *El aparato de propaganda estaba listo, y los jefes de las Tropas de Asalto estaban en sus puestos. Con los boletines oficiales planeados de antemano, las órdenes de arresto preparadas, Karwahne, Frey y Kroyer esperando pacientemente en su café, los preparativos estaban completos, el plan casi perfecto.*[157]

Dimitrov también afirma que:

> *Los líderes nacionalsocialistas, Hitler, Goering y Goebbels, junto con los altos cargos nacionalsocialistas, Daluege, Hanfstaengl y Albrecht, se encontraban casualmente en Berlín el día del incendio, a pesar de que la campaña electoral estaba en su punto álgido en toda Alemania, seis días antes de la votación. Goering y Goebbels, bajo juramento, dieron explicaciones contradictorias sobre su "fortuita" presencia en Berlín con Hitler ese día. El nacionalsocialista Hanfstaengl, como "invitado" de Goering, estaba presente en el Palacio del Presidente del Reichstag, inmediatamente adyacente al Reichstag, en el momento en que estalló el incendio, aunque su "anfitrión" no estaba allí en ese momento.*[158]

---

[156] George Dimitrov, *The Reichstag Fire Trial*, (Londres: The Bodley Head, 1934), p. 309.

[157] Ibídem, p. 310.

[158] Ibídem, p. 311.

Según el nazi Kurt Ludecke, en su día existió un documento firmado por el líder de las S.A. Karl Ernst -quien supuestamente provocó el incendio y posteriormente fue asesinado por compañeros nazis- que implicaba a Goering, Goebbels y Hanfstaengl en la conspiración.

## El New Deal de Roosevelt y el Nuevo Orden de Hitler

Hjalmar Schacht desafió a sus interrogadores de la posguerra de Nuremberg con la observación de que el programa del Nuevo Orden de Hitler era el mismo que el programa del New Deal de Roosevelt en Estados Unidos. Los interrogadores, comprensiblemente, resoplaron y rechazaron la observación. Sin embargo, un poco de investigación sugiere que no sólo los dos programas son bastante similares en contenido, sino que los alemanes no tuvieron ningún problema en observar las similitudes. En la Biblioteca Roosevelt hay un pequeño libro presentado a FDR por el Dr. Helmut Magers en diciembre de 1933.[159] En la hoja volante de este ejemplar de presentación está escrita la inscripción,

> *Al Presidente de los Estados Unidos, Franklin D. Roosevelt, con profunda admiración por su concepción de un nuevo orden económico y con devoción por su personalidad. El autor, Baden, Alemania, 9 de noviembre de 1933.*

La respuesta de FDR a esta admiración por su nuevo orden económico fue la siguiente :[160]

> *(Washington) 19 de diciembre de 1933*
>
> *Mi querido Dr. Magers: Quiero enviarle mi*

---

[159] Helmut Magers, *Ein Revolutionar Aus Common Sense*, (Leipzig: R. Kittler Verlag, 1934).

[160] Nixon, Edgar B., Editor, *Franklin D. Roosevelt and Foreign Affairs*, (Cambridge: The Belknap Press of Harvard University Press, 1969), Volume 1: January 1933-February 1934. Biblioteca Franklin D. Roosevelt. Hyde Park, Nueva York.

*agradecimiento por la copia de su pequeño libro sobre mí y el "New Deal". Aunque, como usted sabe, fui a la escuela en Alemania y pude hablar alemán con bastante fluidez en una época, estoy leyendo su libro no sólo con gran interés sino porque me ayudará con mi alemán.*

*Muy atentamente,*

El New Deal o "nuevo orden económico" no fue una criatura del liberalismo clásico de. Era una criatura del socialismo corporativo. Las grandes empresas, reflejadas en Wall Street, luchaban por un orden estatal en el que pudieran controlar la industria y eliminar la competencia, y éste era el núcleo del New Deal de FDR. General Electric, por ejemplo, ocupa un lugar destacado tanto en la Alemania nazi como en el New Deal. La General Electric alemana fue una destacada financiadora de Hitler y del Partido Nazi, y A.E.G. también financió a Hitler tanto directa como indirectamente a través de Osram.

International General Electric en Nueva York fue uno de los principales participantes en la propiedad y dirección tanto de A.E.G. como de Osram. Gerard Swope, Owen Young y A. Baldwin, de General Electric en Estados Unidos, eran directores de A.E.G. Sin embargo, la historia no se detiene en General Electric y la financiación de Hitler en 1933.

En un libro anterior, *Wall Street y la revolución bolchevique,* el autor identificó el papel de General Electric en la revolución bolchevique y la ubicación geográfica de los participantes estadounidenses en el 120 de Broadway, Nueva York; las oficinas ejecutivas de General Electric también estaban en el 120 de Broadway. Cuando Franklin Delano Roosevelt trabajaba en Wall Street, su dirección también era el 120 de Broadway. De hecho, la Georgia Warm Springs Foundation, la Fundación FDR, estaba situada en el 120 de Broadway. El prominente patrocinador financiero de una de las primeras empresas de Roosevelt en Wall Street desde el 120 de Broadway fue Gerard Swope, de General Electric. Y fue el "Plan de Swope" lo que se convirtió en el New Deal de Roosevelt, el plan fascista que Herbert Hoover no estaba dispuesto a endilgar a Estados

Unidos. En resumen, tanto el Nuevo Orden de Hitler como el New Deal de Roosevelt estaban respaldados por los mismos industriales y en su contenido eran bastante similares, es *decir*, ambos eran planes para un Estado corporativo.

Existían entonces puentes tanto corporativos como individuales entre la América de FDR y la Alemania de Hitler. El primer puente fue la American I.G. Farben, filial estadounidense de I.G. Farben, la mayor corporación alemana. En el consejo de administración de American I.G. estaba Paul Warburg, del Bank of Manhattan y del Banco de la Reserva Federal de Nueva York. El segundo puente era entre International General' Electric, filial al 100% de General Electric Company y su filial en Alemania, A.E.G. Gerard Swope, que formuló el New Deal de FDR, era presidente de I.G.E. y estaba en el consejo de A.E.G. El tercer "puente" era entre Standard Oil of New Jersey y Vacuum Oil y su filial alemana al 100%, Deutsche-Amerikanisehe Gesellschaft. El presidente de Standard Oil of New Jersey era Walter Teagle, del Banco de la Reserva Federal de Nueva York. Fue fideicomisario de la Georgia Warm Springs Foundation de Franklin Delano Roosevelt y nombrado por FDR para un puesto administrativo clave en la National Recovery Administration.

Estas corporaciones estaban profundamente implicadas tanto en la promoción del New Deal de Roosevelt como en la construcción del poder militar de la Alemania nazi. El papel de Putzi Hanfstaengl en los primeros tiempos, al menos hasta mediados de los años treinta, fue el de enlace informal entre la élite nazi y la Casa Blanca. Después de mediados de la década de 1930, cuando el mundo se encaminó hacia la guerra, la importancia de Putzis disminuyó, mientras que las grandes empresas estadounidenses siguieron estando representadas a través de intermediarios como el barón Kurt von Schroder, abogado de Westrick, y la pertenencia al Círculo de Amigos de Himmler.

# Capítulo 9

# Wall Street y el círculo íntimo nazi

> *Durante todo el periodo en que mantuvimos contactos comerciales, no tuvimos ni idea de la connivencia de Farben con la brutal política de Hitler. Ofrecemos toda la ayuda que podamos prestar para que salga a la luz toda la verdad y se haga justicia con todo rigor.*
>
> (F. W. Abrams, Presidente del Consejo, Standard Oil of New Jersey, 1946.)

Adolf Hitler, Hermann Goering, Josef Goebbels y Heinrich Himmler, el grupo interno del nazismo, eran al mismo tiempo jefes de feudos menores dentro del Estado nazi. En torno a estos líderes nazis giraban grupos de poder o camarillas políticas, más importantes después de finales de la década de 1930 en torno a Adolf Hitler y Heinrich Himmler, Reich-Leader de las S.S. (las temidas *Schutzstaffel*). El más importante de estos círculos internos nazis fue creado por orden del Führer; se conoció primero como el Círculo Keppler y más tarde como el Círculo de Amigos de Himmler.

El Círculo Keppler se originó como un grupo de empresarios alemanes que apoyaban el ascenso de Hitler al poder antes y durante 1933. A mediados de la década de 1930, el Círculo Keppler cayó bajo la influencia y protección del jefe de las S.S. Himmler y el control organizativo del banquero de Colonia y destacado empresario nazi Kurt von Schroder. Schroder, como se recordará, era jefe del Banco J.H. Stein en Alemania y estaba afiliado a la Corporación Bancaria L. Henry Schroder de Nueva York. Es dentro de este círculo más íntimo de los círculos íntimos, el núcleo mismo del nazismo, donde encontramos representado a Wall Street, incluyendo a Standard Oil de Nueva Jersey e I.T.T., desde 1933 hasta tan tarde como 1944.

Wilhelm Keppler, fundador del Círculo de Amigos original, tipifica el conocido fenómeno del hombre de negocios politizado, *es decir,* un hombre de negocios que cultiva la arena política en lugar del mercado imparcial para obtener sus beneficios. Tales hombres de negocios han estado interesados en promover causas socialistas, porque una sociedad socialista planificada proporciona una oportunidad muy lucrativa para los contratos a través de la influencia política.

En busca de oportunidades tan provechosas, Keppler se unió a los nacionalsocialistas y estuvo cerca de Hitler antes de 1933. El Círculo de Amigos surgió de un encuentro entre Adolf Hitler y Wilhelm Keppler en diciembre de 1931. En el transcurso de su conversación -fue varios años antes de que Hitler se convirtiera en dictador-, el futuro Führer expresó su deseo de contar con empresarios alemanes de confianza para que le asesoraran económicamente cuando los nazis tomaran el poder. *"Trate* de conseguir algunos líderes económicos -no hace falta que sean miembros del Partido- que estén a nuestra disposición cuando lleguemos al poder".[161] Keppler se comprometió a hacerlo.

En marzo de 1933, Keppler fue elegido miembro del Reichstag y se convirtió en el experto financiero de Hitler. Esto duró poco. Keppler fue sustituido por el infinitamente más capaz Hjalmar Schacht, y enviado a Austria, donde en 1938 se convirtió en Comisario del Reich, pero aun así pudo utilizar su posición para adquirir un poder considerable en el Estado nazi. En pocos años se hizo con una serie de lucrativos cargos directivos en empresas alemanas, incluido el de presidente del consejo de dos filiales de I.G. Farben: Braunkohle-Benzin A.G. y Kontinental Oil A.G. Braunkohle-Benzin era el explotador alemán de la tecnología de la Standard Oil de Nueva Jersey para la producción de gasolina a partir del carbón. (Véase el capítulo 4.)

En resumen, Keppler fue el presidente de la empresa que utilizó la tecnología estadounidense para la indispensable gasolina sintética

---

[161] De la declaración jurada de Wilhem Keppler, *NMT,* Volumen VI, p. 285.

que permitió a la Wehrmacht entrar en guerra en 1939. Esto es significativo porque, cuando se relaciona con otras pruebas presentadas en este capítulo, sugiere que los beneficios y el control de estas tecnologías fundamentalmente importantes para los fines militares alemanes quedaron en manos de un pequeño grupo de empresas y hombres de negocios internacionales que operaban más allá de las fronteras nacionales.

El sobrino de Keppler, Fritz Kranefuss, bajo la protección de su tío, también adquirió prominencia como ayudante del jefe de las S.S. Heinrich Himmler y como hombre de negocios y operador político. Fue el vínculo de Kranefuss con Himmler lo que llevó al Círculo Keppler a alejarse gradualmente de Hitler en la década de 1930 para entrar en la órbita de Himmler, donde a cambio de donaciones anuales a los proyectos favoritos de las S.S. de Himmler los miembros del Círculo recibían favores políticos y una protección nada desdeñable de las S.S. El barón Kurt von Schroder era, como hemos señalado, el representante del I.T.T. en la Alemania nazi y uno de los primeros miembros del Círculo Keppler. El Círculo Keppler original estaba formado por:

## LOS MIEMBROS ORIGINALES (ANTERIORES A 1932) DEL CÍRCULO KEPPLER

| Miembro del Círculo | Principales asociaciones |
|---|---|
| Wilhelm KEPPLER | Presidente de Braunkohle-Benzin A.G., filial de I.G. Farben (explotó la tecnología de obtención de petróleo a partir del carbón de Standard Oil of N.J.) |
| Fritz KRANEFUSS | Sobrino de Keppler y ayudante de Heinrich Himmler. En Vorstand de BRABAG |
| Kurt von SCHRODER | A bordo de todas las filiales de International Telephone & Telegraph en Alemania |
| Karl Vincenz KROGMANN | Alcalde de Hamburgo |
| Agosto ROSTERG | Director General de WINTERSHALL |
| Otto STEINBRINCK | Vicepresidente de VEREINIGTE STAHLWERKE (cártel del acero fundado con préstamos de Wall Street en 1926) |
| Hjalmar SCHACHT | Presidente del REICHSBANK |
| Emil HELFFRICH | Presidente del consejo de administración de GERMAN-AMERICAN PETROLEUM CO. (94% propiedad de Standard Oil of New Jersey) (Véase más arriba Wilhelm Keppler) |
| Friedrich REINHARDT | Presidente del Consejo COMMERZBANK |

| | |
|---|---|
| Ewald HECKER | Presidente del Consejo de ILSEDER HUTTE |
| Graf von BISMARCK | Presidente del Gobierno de STETTIN |

## El Círculo de Amigos de la S.S.

El Círculo de Amigos original se reunió con Hitler en mayo de 1932 y escuchó una declaración de los objetivos nazis. Heinrich Himmler se convirtió entonces en un participante frecuente en las reuniones, y a través de Himmler, varios oficiales de las S.S. así como otros hombres de negocios se unieron al grupo. Con el tiempo, este grupo ampliado se convirtió en el Círculo de Amigos de Himmler, en el que Himmler actuaba como protector y expedidor de sus miembros. En consecuencia, los intereses bancarios e industriales estaban fuertemente representados en el círculo íntimo del nazismo, y sus contribuciones financieras al hitlerismo anteriores a 1933, que hemos enumerado anteriormente, fueron ampliamente recompensadas. De los "Cinco Grandes" bancos alemanes, el Dresdner Bank era el que tenía las conexiones más estrechas con el Partido Nazi: al menos una docena de miembros del consejo de administración del Dresdner Bank tenían un alto rango nazi y no menos de siete directores del Dresdner Bank se encontraban entre el ampliado Círculo de Amigos de Keppler, que nunca superó los cuarenta.

Cuando examinamos los nombres que componen tanto el Círculo Keppler original anterior a 1933 como el Círculo Keppler y Himmler ampliado posterior a 1933, encontramos a las multinacionales de Wall Street fuertemente representadas, más que ningún otro grupo institucional. Tomemos cada una de las multinacionales de Wall Street o sus asociadas alemanas -aquellas identificadas en el Capítulo Siete como vinculadas a la financiación de Hitler- y examinemos sus vínculos con Keppler y Heinrich Himmler.

## I.G. Farben y el Círculo Keppler

I.G. Farben fue representado pesadamente dentro del Círculo de Keppler: no menos de ocho de los miembros máximos del círculo de 40 eran directores de I.G. Farben o una filial de Farben. Estos ocho miembros incluyeron el anteriormente descrito Wilhelm Keppler y su sobrino Kranefuss, además del Barón Kurt von Schroder. La presencia de Farben fue enfatizada por el miembro Hermann Schmitz, presidente de I.G. Farben y director de Vereinigte Stahlwerke, ambos cárteles construidos y consolidados por los préstamos de Wall Street de los años veinte. Un informe del Congreso estadounidense describía a Hermann Schmitz de la siguiente manera:

> Hermann Schmitz, una de las personas más importantes de Alemania, ha logrado éxitos extraordinarios simultáneamente en los tres campos separados, industria, finanzas y gobierno, y ha servido con celo y devoción a todos los gobiernos en el poder. Es el símbolo del ciudadano alemán que, tras la devastación de la Primera Guerra Mundial, hizo posible la Segunda.
>
> Irónicamente, puede decirse que su culpa es mayor en la medida en que en 1919 era miembro de la delegación de paz del Reich, y en los años 30 estaba en condiciones de enseñar a los nazis mucho de lo que el robo tenía que saber en materia de penetración económica, usos del cártel, materiales sintéticos para la guerra.[162]

Otro miembro del Círculo Keppler en el consejo de I.G. Farben era Friedrich Flick, creador del cártel del acero Vereinigte Stahlwerke y director de Allianz Versicherungs A.G. y German General Electric (A.E.G.).

Heinrich Schmidt, un director del Dresdner Bank y presidente de la junta de la filial de I.G. Farben Braunkohle-Benzin A.G., estaba en el circulo; tambien era Karl Rasehe, otro director del Dresdner Bank y un director de Metallgesellschaft (matriz del Delbruck Schickler Bank) y Accumulatoren-Fabriken A.G. Heinrich Buetefisch era tambien un director de I.G. Farben y un miembro del circulo de Keppler. En resumen, la contribución de I.G. Farben al Nationale

---

[162] *Eliminación de los recursos alemanes*, p. 869.

Treuhand de Rudolf Hess - el fondo político para sobornos - fue confirmada después de la toma del poder en 1933 por una fuerte representación en el círculo íntimo nazi.

¿Cuántos de estos miembros del Círculo Keppler en el complejo de I.G. Farben estaban afiliados a Wall Street?

**MIEMBROS DEL CÍRCULO KEPPLER ORIGINAL ASOCIADOS A MULTINACIONALES ESTADOUNIDENSES**

| Miembro del Círculo Keppler | I.G. Farben | I.T.T. | Standard Oil de Nueva Jersey | General Electric |
|---|---|---|---|---|
| Wilhelm KEPPLER | Presidente de BRABAG, filial de Farben | | - | |
| Fritz KRANEFUSS | En Aufsichrat de BRABAG | | - | |
| Emil Heinrich MEYER | | A bordo de todas las filiales alemanas de I.T.T: Standard/Mix & Genest/Lorenz | - | Junta de A.E.G. |
| Emil HELFFRICH | | | Presidente de DAPAG (94% propiedad de Standard of New Jersey) | |
| Friedrich FLICK | I.G. Farben | - | - | Junta de A.E.G. |
| Kurt von SCHRODER | | A bordo de todas las filiales de I.T.T. en Alemania | | |

Del mismo modo, podemos identificar otras instituciones de Wall Street representadas en el primitivo Círculo de Amigos de Keppler, confirmando sus contribuciones monetarias al Fondo Nacional de

Fideicomiso operado por Rudolf Hess en nombre de Adolf Hitler. Estos representantes eran Emil Heinrich Meyer y el banquero Kurt von Schroder en los consejos de todas las filiales de I.T.T. en Alemania, y Emil Helffrich, el presidente del consejo de DAPAG, 94 por ciento propiedad de Standard Oil de Nueva Jersey.

## Wall Street en el Círculo S.S.

Las principales multinacionales estadounidenses también estaban muy bien representadas en el posterior Círculo Heinrich Himmler e hicieron contribuciones en efectivo al S.S. (el Sonder Konto S) hasta 1944 - mientras la Segunda Guerra Mundial estaba en marcha.

Casi una cuarta parte de las aportaciones a la Sonder Konto S de 1944 procedieron de filiales de International Telephone and Telegraph, representada por Kurt von Schröder. Los pagos de 1943 de las filiales de I.T.T. a la Cuenta Especial fueron los siguientes:

| | |
|---|---|
| Mix & Genest A.G. | 5.000 RM |
| C. Lorenz AG | 20.000 RM |
| Felten & Guilleaume | 25.000 RM |
| Kurt von Schroder | 16.000 RM |

Y los pagos de 1944 fueron:

| | |
|---|---|
| Mix & Genest A.G . | 5.000 RM |
| C. Lorenz AG | 20.000 RM |
| Felten & Guilleaume | 20.000 RM |
| Kurt von Schroder | 16.000 RM |

Sosthenes Behn de International Telephone and Telegraph transfirió el control en tiempo de guerra de Mix & Genest, C. Lorenz, y los otros intereses de Standard Telephone en Alemania a Kurt von Schroder - que era un miembro fundador del Círculo de Keppler y organizador y tesorero del Círculo de Amigos de Himmler. Emil H. Meyer, S.S. Untersturmfuehrer, miembro del Vorstand del Banco de Dresdner, A.E.G., y un director de todas las filiales de I.T.T. en Alemania, era también un miembro del Círculo de Amigos de Himmler - dando a I.T.T. dos representantes poderosos en el corazón del S.S.

Una carta del barón von Schroder a su colega Emil Meyer, fechada el 25 de febrero de 1936, describe los objetivos y necesidades del Círculo Himmler y la naturaleza de la Cuenta Especial "S" de , con fondos en el propio banco de Schroder, el J,H. Stein Bank de Colonia. Stein Bank de Colonia:

*Al Prof. Dr. Emil H. Meyer*

*Berlín, 25 de febrero de 1936 (letra ilegible)*

*S.S. (Untersturmfuchrer) (subteniente) Miembro del Consejo de Administración (Vorstand) del Dresdner Bank*

*Berlín W. 56, Behrenstr. 38*

*¡Personal!*

*Al Círculo de Amigos del Líder del Reich SS*

*Al final de la visita de inspección de 2 días a Munich a la que nos había invitado el Líder del Reich SS el pasado mes de enero, el Círculo de Amigos acordó poner -cada uno según sus medios- a disposición del Líder del Reich en la "Cuenta Especial S" (Sonder Konto S), que se establecerá en la firma bancaria J.H. Stein de Colonia, fondos que se utilizarán para determinadas tareas al margen del presupuesto.*

Esto debería permitir al Líder del Reich contar con todos sus amigos. En Munich se decidió que los abajo firmantes estarían disponibles para crear y gestionar esta cuenta. Mientras tanto la cuenta fue creada y queremos que cada participante sepa que en caso de que quiera hacer contribuciones al Líder del Reich para las tareas antes mencionadas - ya sea en nombre de su empresa o del Círculo de Amigos - los pagos pueden hacerse a la empresa bancaria J.H. Stein, Colonia (Cuenta de Compensación del Banco del Reich, Cuenta Corriente Postal No.1392) a la Cuenta Especial S.

¡Heil Hitler!

(Firmado) Kurt Baron von Sehroder (Firmado)
Steinbrinck[163]

Esta carta también explica por qué el coronel del ejército estadounidense Bogdan, anteriormente de la Schroder Banking Corporation de Nueva York, estaba ansioso por desviar la atención de los investigadores del ejército estadounidense de posguerra del J. H. Stein Bank de Colonia hacia los "bancos *más grandes*" de la Alemania nazi. Era el Stein Bank el que guardaba los secretos de las asociaciones de las filiales estadounidenses con las autoridades nazis mientras se desarrollaba la Segunda Guerra Mundial. Los intereses financieros neoyorquinos no podían conocer la naturaleza exacta de estas transacciones (y, en particular, la naturaleza de los registros que pudieran haber conservado sus asociados alemanes), pero sabían que bien podía existir *algún* registro de sus tratos en tiempos de guerra, lo suficiente como para avergonzarlos ante la opinión pública estadounidense. El coronel Bogdan trató

---

[163] *NMT*, volumen VII, p. 238. "Traducción del documento N1-10103, prueba de cargo 788". Carta de von Schroder y el acusado Steinbrinck al Dr. Meyer, funcionario del Dresdner Bank, de 25 de febrero de 1936, en la que se señalaba que el Círculo de Amigos pondría fondos a disposición de Himmler "Para ciertas tareas fuera del presupuesto" y había establecido una "Cuenta especial para este fin."

infructuosamente de evitar esta posibilidad.

German General Electric se benefició enormemente de su asociación con Himmler y otros destacados nazis. Varios miembros de la camarilla de Schroder eran directores de A.E.G., siendo el más destacado Robert Pferdmenges, que no sólo era miembro de los Círculos Keppler o Himmler, sino que era socio de la casa bancaria arianizada Pferdmenges & Company, sucesora de la antigua casa bancaria judía Sal Oppenheim de Colonia. Waldemar von Oppenheim consiguió la dudosa distinción (para un judío alemán) de "ario *honorario*" y pudo continuar con su antigua casa bancaria establecida bajo Hitler en sociedad con Pferdmenges.

**MIEMBROS DEL CÍRCULO DE AMIGOS DE HIMMLER QUE TAMBIÉN ERAN DIRECTORES DE EMPRESAS AFILIADAS A ESTADOS UNIDOS:**

|  | I.G. Farben | I.T.T. | A.E.G. | Standard Oil de Nueva Jersey |
|---|---|---|---|---|
| KRANEFUSS, Fritz | X | | | |
| KEPPLER, Wilhelm | X | | | |
| SCHRODER, Kurt | X | | | |
| Von BUETEFISCH, Heinrich | | X | | |
| RASCHE, Dr. Karl | X | | | |
| FLICK, Friedrich | X | | X | |
| LINDEMANN, Karl | | | | X |
| SCHMIDT, Heinrich | X | | | |
| ROEHNERT, Kellmuth | | | X | |
| SCHMIDT, Kurt | | | X | |
| MEYER, Dr. Emil | | X | | |
| SCHMITZ, Hermann | X | | | |

Pferdmenges fue también director de A.E.G. y utilizó su influencia nazi en beneficio propio.[164] Otros dos directores de German General Electric eran miembros del Circulo de Amigos de Himmler y hicieron contribuciones monetarias en 1943 y 1944 al Sonder Konto

---

[164] *Eliminación de los recursos alemanes*, p. 857.

S. Estos fueron:

| | |
|---|---|
| Friedrich Flick | 100.000 RM |
| Otto Steinbrinck (socio de Flick) | 100.000 RM |

Kurt Schmitt era presidente del consejo de administración de A.E.G. y miembro del Círculo de Amigos de Himmler, pero el nombre de Schmitt no figura en la lista de pagos de 1943 o 1944. Standard Oil de Nueva Jersey también hizo una contribución significativa a la Cuenta Especial de Himmler a través de su filial alemana de propiedad absoluta (94 por ciento), Deutsche-Amerikanische Gesellschaft (DAG). En 1943 y 1944 DAG contribuyó de la siguiente manera:

| | |
|---|---|
| Staatsrat Helfferich de Deutsch-Amerikanische Petroleum A.G. | 10.000 RM |
| Staatsrat Lindemann de Deutsch-Amerikanische Petroleum A.G | 10.000 RM |
| y personalmente | 4.000 RM |

Es importante señalar que el Staatsrat Lindemann contribuyó *personalmente* con 4.000 RM, distinguiendo así claramente entre la contribución corporativa de 10.000 RM de la filial propiedad al 100% de Standard Oil of New Jersey y la contribución personal del director Lindemann. En el caso del Staatsrat Hellfrich, la única contribución fue la de Standard Oil de 10.000 RM; no consta ninguna donación personal.

I.G. Farben, empresa matriz de American I.G. (véase el capítulo dos), fue otro contribuyente importante al Sonder Konto S de Heinrich Himmler. Había cuatro directores de I.G. Farben dentro del círculo íntimo: Karl Rasehe, Fritz Kranefuss, Heinrich Schmidt y Heinrich Buetefisch. Karl Rasche era miembro del comité de dirección del Dresdner Bank y especialista en derecho internacional y banca. Bajo el régimen de Hitler, Karl Rasche se convirtió en un destacado directivo de muchas empresas alemanas, entre ellas Accumulatoren-Fabrik A.G. de Berlín, que financió a Hitler; la Metallgesellschaft; y Felten & Guilleame, una empresa de I.T.T.

Fritz Kranefuss era miembro del consejo de administración del Dresdner Bank y director de varias empresas además de I.G. Farben. Kranefuss, sobrino de Wilhelm Keppler, era abogado y destacaba en muchas organizaciones públicas nazis. Heinrich Schmidt, director de I.G. Farben y de varias otras empresas alemanas, era también director del Dresdner Bank.

Es importante notar que los tres - Rasche, Kranefuss, y Schmidt - eran directores de una filial de I.G. Farben, Braunkohle-Benzin A.G. - el fabricante de gasolina sintética alemana usando la tecnología de Standard Oil, un resultado de los acuerdos de I.G. Farben-Standard Oil de los principios de 1930. En resumen, la élite financiera de Wall Street estaba bien representada tanto en el primitivo Círculo Keppler como en el posterior Círculo Himmler.[165]

---

[165] El carácter significativo de esta representación se refleja en el Gráfico 8-1, "Representación de Wall Street en los Círculos de Keppler y Himmler, 1933 y 1944".

# Capítulo X

# El mito de "Sidney Warburg"

Una cuestión vital, sólo parcialmente resuelta, es hasta qué punto la llegada de Hitler al poder en 1933 contó con la ayuda *directa* de los financieros de Wall Street. Hemos demostrado con pruebas documentales originales que hubo participación y apoyo estadounidense *indirecto* a través de empresas alemanas afiliadas, y (como por ejemplo en el caso de I.T.T.) hubo un esfuerzo consciente y deliberado para beneficiarse del apoyo al régimen nazi. ¿Se extendió esta financiación indirecta a la financiación directa?

Después de que Hitler se hiciera con el poder, empresas y particulares estadounidenses trabajaron en favor del nazismo y, desde luego, se beneficiaron del Estado nazi. Sabemos por los diarios de William Dodd, el embajador estadounidense en Alemania, que en 1933 un flujo de banqueros e industriales de Wall Street pasaron por la embajada de Estados Unidos en Berlín, expresando su admiración por Adolf Hitler y ansiosos por encontrar formas de hacer negocios con el nuevo régimen totalitario. Por ejemplo, el 1 de septiembre de 1933 Dodd registró que Henry Mann, del National City Bank, y Winthrop W. Aldrich, del Chase Bank, se reunieron con Hitler y "estos banqueros creen que pueden trabajar con él".[166] Ivy Lee, el agente de relaciones públicas de Rockefeller, según Dodd "se mostró a la vez capitalista y defensor del fascismo."[167]

Así que al menos podemos identificar una respuesta comprensiva a

---

[166] William E. Dodd, *Diario del embajador Dodd*, op. cit. p. 31.

[167] Ibídem, p. 74.

la nueva dictadura nazi, que recuerda la forma en que los banqueros internacionales de Wall Street saludaron a la nueva Rusia de Lenin y Trotsky en 1917.

## ¿Quién era "Sidney Warburg"?

La cuestión que se plantea en este capítulo es la acusación de que algunos financieros de Wall Street (se ha acusado específicamente a los Rockefeller y a los Warburg) planearon y financiaron directamente la toma del poder por Hitler en 1933, y que lo hicieron desde Wall Street. Sobre esta cuestión es relevante el llamado mito de "Sidney Warburg". El destacado nazi Franz von Papen ha declarado en sus *Memorias* :[168]

> ... *el relato más documentado de la repentina adquisición de fondos por parte de los nacionalsocialistas figuraba en un libro publicado en Holanda en 1933, por la antigua y establecida editorial de Ámsterdam Van Holkema & Warendorf, titulado De Geldbronnen van Het Nationaal-Socialisme (Drie Gesprekken Met Hitler) bajo el nombre de "Sidney Warburg".*

En efecto, en 1933 se publicó un libro con este título en neerlandés, escrito por "Sidney Warburg", pero permaneció en los quioscos de libros de Holanda sólo unos días. El libro fue purgado.[169] Uno de los

---

[168] Franz von Papen, *Memorias*, (Nueva York: E.P. Dutton & Co., 1953), p. 229.

[169] El texto inglés de este capítulo procede de una traducción alemana autentificada de un ejemplar de la edición holandesa de *De Geldbronnen van Het Nationaal-Socialisme (Drie Gesprekken Met Hitler)*, o *Las fuentes financieras del nacionalsocialismo (Tres conversaciones con Hitler)*. El autor original en neerlandés aparece como "Door Sidney Warburg, vertaald door I.G. Shoup" (Por Sidney Warburg, contado por I.G. Shoup).

La copia utilizada aquí fue traducida del neerlandés por el Dr. Walter Nelz, Wilhelm Peter y René Sonderegger en Zurich, el 11 de febrero de 1947, y la traducción alemana lleva una declaración jurada en el sentido de que: "Los tres testigos abajo firmantes verifican que el documento adjunto no es otra cosa que

tres ejemplares originales de que sobrevivieron fue traducido al inglés. La traducción se depositó en su día en el Museo Británico, pero ahora se ha retirado de la circulación pública y no está disponible para la investigación. No se sabe nada de la copia original holandesa en la que se basó la traducción inglesa.

El segundo ejemplar holandés perteneció al canciller Schussnigg, en Austria, y no se sabe nada de su paradero actual. El tercer ejemplar holandés llegó a Suiza y se tradujo al alemán. La traducción alemana ha llegado hasta nuestros días en el Schweizerischen Sozialarchiv de Zúrich (Suiza). En 1971, el autor adquirió una copia certificada de la traducción alemana autentificada de este superviviente suizo y la tradujo al inglés. El texto de este capítulo se basa en esta traducción inglesa de la traducción alemana.

La publicación del libro "Sidney Warburg" fue debidamente reseñada en el *New York Times* (24 de noviembre de 1933) bajo el título "Se teme un engaño a los nazis." Un breve artículo señalaba que un panfleto de "Sidney Warburg" ha aparecido en Holanda, y que el autor no es el hijo de Felix Warburg. El traductor es J. G. Shoup, un periodista belga que vive en Holanda. Los editores y Shoup "se preguntan si no habrán sido víctimas de un engaño". El relato del Times añade:

> *El panfleto repite una vieja historia según la cual importantes estadounidenses, entre ellos John D. Rockefeller, financiaron a Hitler entre 1929 y 1932 hasta un total de 32.000.000 de dólares, siendo su motivo "liberar a Alemania de las garras financieras de Francia provocando una revolución" Muchos lectores del panfleto han señalado que contiene muchas*

una traducción fiel y literal del holandés al alemán del libro de Sidney Warburg, una copia del cual estuvo constantemente a su disposición durante todo el proceso de traducción. Atestiguan que tuvieron este original en sus manos y que, en la medida de sus posibilidades, lo leyeron frase por frase, traduciéndolo al alemán, comparando luego concienzudamente el contenido de la traducción adjunta con el original hasta llegar a un acuerdo completo."

*inexactitudes.*

¿Por qué se retiró de la circulación el original holandés en 1933? Porque "Sidney Warburg" no existía y se reivindicó como autor a un "Sidney Warburg". Desde 1933 el libro de "Sidney Warburg" ha sido promocionado por diversas partes tanto como falsificación como documento auténtico. La propia familia Warburg se ha esforzado en demostrar su falsedad.

¿Qué denuncia el libro? ¿Qué afirma el libro que ocurrió en Alemania a principios de la década de 1930? ¿Tienen estos acontecimientos alguna semejanza con hechos que sabemos que son ciertos por otras pruebas?

Desde el punto de vista de la metodología de la investigación, es mucho más preferible suponer que el libro de "Sidney Warburg" es una falsificación, a menos que podamos demostrar lo contrario. Este es el procedimiento que adoptaremos. El lector se preguntará: ¿para qué preocuparse por una posible falsificación? Hay al menos dos buenas razones, aparte de la curiosidad académica.

En primer lugar, la afirmación de los Warburg de que el libro es una falsificación tiene un defecto curioso y vital. Los Warburg niegan como falso un libro que admiten no haber leído ni siquiera visto. La negación de los Warburg se limita específicamente a la no autoría de un Warburg. Esta negación es aceptable, pero no niega ni rechaza la validez del *contenido*. La negación se limita a repudiar la autoría.

En segundo lugar, ya hemos identificado a I.G. Farben como financiador y patrocinador clave de Hitler. Hemos proporcionado pruebas fotográficas (página 64) del resguardo de transferencia bancaria por valor de 400.000 marcos de I.G. Farben a la cuenta del fondo político para sobornos *"Nationale* Treuhand" de Hitler, administrada por Rudolf Hess. Ahora bien, es probable, casi seguro, que "Sidney Warburg" no existiera. Por otro lado, *es* un asunto de dominio público que los Warburg estaban estrechamente relacionados con I.G. Farben en Alemania y Estados Unidos. En Alemania Max Warburg era un director de I.G. Farben y en los Estados Unidos el hermano Paul Warburg (padre de James Paul

Warburg) era un director de American I.G. Farben. En resumen, tenemos pruebas irrefutables de que *algunos* Warburg, incluido el padre de James Paul, el denunciante del libro "Sidney Warburg", fueron directores de I.G. Farben. Y se sabe que I.G. Farben financió a Hitler. *"Sidney* Warburg" era un mito, pero los directores de I.G. Farben Max Warburg y Paul Warburg no eran mitos. Esta es razón suficiente para seguir presionando.

Resumamos en primer lugar el libro que, según James Paul Warburg, es una falsificación.

## Sinopsis del libro suprimido "Sidney Warburg

*Las fuentes financieras del nacionalsocialismo* comienza con una supuesta conversación entre "Sidney Warburg" y el coautor y traductor I. G. Shoup. "Warburg" relata por qué entregaba a Shoup un manuscrito en inglés para su traducción al neerlandés y publicación en Holanda En palabras del mítico "Sidney Warburg":

> *Hay momentos en que quiero apartarme de un mundo de tanta intriga, engaño, estafa y manipulación de la bolsa... ¿Sabes lo que nunca podré entender? Cómo es posible que personas de carácter bueno y honrado -de lo que tengo sobradas pruebas- participen en estafas y fraudes, sabiendo perfectamente que afectarán a miles de personas.*

Shoup describe entonces a "Sidney Warburg" como "hijo de uno de los mayores banqueros de Estados Unidos, miembro de la firma bancaria Kuhn, Loeb & Co., Nueva York". "Sidney Warburg" le dice entonces a Shoup que él ("Warburg") quiere dejar constancia para la historia de cómo el nacionalsocialismo fue financiado por financieros neoyorquinos.

La primera sección del libro se titula simplemente *"1929"*. En ella se relata que en 1929 Wall Street tenía enormes créditos pendientes en Alemania y Austria, y que estos créditos, en su mayor parte, habían sido congelados. Si bien Francia era económicamente débil y temía a Alemania, también recibía la "parte del león" de los fondos de reparaciones que, en realidad, financiaba Estados Unidos. En junio de 1929, se celebró una reunión entre los miembros del Banco de la Reserva Federal y los principales banqueros estadounidenses para decidir qué hacer con Francia y, en particular, para ponerle los cuernos con las reparaciones alemanas. A esta reunión asistieron (según el libro "Warburg") los directores de Guaranty Trust Company, los "presidentes" de los Bancos de la Reserva Federal, además de cinco banqueros independientes, el "joven Rockefeller" y Glean de Royal Dutch Shell. Carter y Rockefeller, según el texto, "dominaron los procedimientos. Los demás escuchaban y asentían con la cabeza".

El consenso general en la reunión de banqueros era que la única forma de liberar a Alemania de las garras financieras francesas era mediante una revolución, ya fuera comunista o nacionalista alemana. En una reunión anterior se había acordado ponerse en contacto con Hitler para "tratar de averiguar si estaba dispuesto a recibir apoyo financiero estadounidense". Ahora Rockefeller al parecer había visto más recientemente un folleto germano-americano sobre el movimiento nacional-socialista de Hitler y el propósito de esta segunda reunión era determinar si "Sidney Warburg" estaba dispuesto a ir a Alemania como mensajero para establecer contacto personal con Hitler.

A cambio del apoyo financiero preferido, se esperaba que Hitler llevara a cabo una "política exterior agresiva y agitara la idea de venganza contra Francia". Esta política, se preveía, daría lugar a un llamamiento francés a Estados Unidos e Inglaterra en busca de ayuda en "cuestiones internacionales relacionadas con la eventual agresión alemana." Hitler no debía conocer el propósito de la ayuda de Wall Street. Se dejaría "a su razón e ingenio descubrir los motivos de la propuesta." "Warburg" aceptó la misión propuesta y partió de Nueva York hacia Cherburgo, en la *Isla de Francia*, "con pasaporte diplomático y cartas de recomendación de Carter, Tommy Walker, Rockefeller, Glean y Herbert Hoover".

Al parecer, "Sidney Warburg" tuvo algunas dificultades para reunirse con Hitler. El cónsul americano en Munich no consiguió establecer contacto con los nazis, y finalmente Warburg se dirigió directamente al alcalde Deutzberg de Munich, "con una recomendación del cónsul americano", y una súplica para guiar a Warburg hasta Hitler. A continuación, Shoup presenta extractos de las declaraciones de Hitler en esta reunión inicial. Estos extractos incluyen los habituales desvaríos antisemitas hitlerianos, y hay que señalar que todas las partes antisemitas del libro "Sidney Warburg" son pronunciadas por Hitler. (Esto es importante porque James Paul Warburg afirma que el libro de Shoup es totalmente antisemita). En esta reunión se discutió la financiación de los nazis y se dice que Hitler insistió en que los fondos no podían depositarse en un banco alemán sino sólo en un banco extranjero a su disposición. Hitler pidió 100 millones de marcos y sugirió que "Sidney Warburg" informara sobre la reacción de Wall Street a través de von Heydt en Lutzowufer, 18 Berlín.[170]

Tras informar a Wall Street, Warburg se enteró de que 24 millones de dólares era demasiado para los banqueros americanos; éstos ofrecieron 10 millones. Warburg se puso en contacto con von Heydt y se concertó una nueva reunión, esta vez con un *"hombre de aspecto poco distinguido,* que me fue presentado con el nombre de Frey". Se le dieron instrucciones para que pusiera a su disposición 10 millones de dólares en el banco Mendelsohn & Co. Bank de Amsterdam, Holanda. Warburg debía pedir al Banco Mendelsohn que extendiera cheques en marcos a nombre de nazis en diez ciudades alemanas.

Posteriormente, Warburg viajó a Amsterdam, completó su misión con Mendelsohn & Co, luego fue a Southampton, Inglaterra y tomó el *Olympia* de vuelta a Nueva York donde informó a Carter en Guaranty Trust Company. Dos días después Warburg dio su informe a todo el grupo de Wall Street, pero "esta vez un representante inglés estaba allí sentado junto a Glean de Royal Dutch, un hombre llamado Angell, uno de los jefes de la Asiatic Petroleum Co". Warburg fue interrogado sobre Hitler, y "Rockefeller mostró un

---

[170] Tenga en cuenta que "von Heydt" era el nombre original del Dutch Bank voor Handel en Seheepvaart N.V., una filial de los intereses Thyssen y que ahora se sabe que se utilizó como embudo para los fondos nazis. Véase *Eliminación de recursos alemanes.*

inusitado interés por las declaraciones de Hitler sobre los comunistas."

Pocas semanas después del regreso de Warburg de Europa, los periódicos de Hearst mostraron un "interés inusitado" por el nuevo partido nazi alemán e incluso el *New York Times* publicaba regularmente breves reportajes sobre los discursos de Hitler. Anteriormente estos periódicos no habían mostrado demasiado interés, pero eso cambió ahora.[171] Además, en diciembre de 1929 apareció *"en* una publicación mensual de la Universidad de Harvard" un largo estudio del movimiento nacionalsocialista alemán en."

La parte II del suprimido "Fuentes financieras del nacionalsocialismo" se titula "1931" y comienza con un debate sobre la influencia francesa en la política internacional. Afirma que Herbert Hoover prometió a Pierre Laval de Francia no resolver la cuestión de la deuda sin consultar primero al gobierno francés y [escribe Shoup]:

> *Cuando Wall Street se enteró de esto, Hoover perdió de un golpe el respeto de este círculo. Incluso las elecciones posteriores se vieron afectadas: muchos creían que el hecho de que Hoover no consiguiera ser reelegido se debía a este asunto.*[172]

En octubre de *1931,* Warburg recibió una carta de Hitler que transmitió a Carter en Guaranty Trust Company, y posteriormente

---

[171] El examen del índice del *New York* Times confirma la exactitud de la última parte de esta afirmación. Véase, por ejemplo, el repentino interés del *New York* Times del 15 de septiembre de 1930 y el artículo de fondo sobre "Hitler, fuerza motriz del fascismo alemán" en la edición del 21 de septiembre de 1930 del *New York Times.* En 1929, el *New York* Times sólo publicó un breve artículo sobre Adolf Hitler. En 1931 publicó una veintena de artículos sustanciales, entre ellos no menos de tres "Retratos".

[172] Hoover dijo que había perdido el apoyo de Wall Street en 1931 porque no estaba de acuerdo con su plan para un New Deal; véase Antony C. Sutton, *Wall Street and FDR, op. cit.*

se convocó otra reunión de banqueros en las oficinas de Guaranty Trust Company. En esta reunión hubo división de opiniones. "Sidney Warburg" informó de que Rockefeller, Carter y McBean estaban a favor de Hitler, mientras que los demás financieros no estaban seguros. Montague Norman del Banco de Inglaterra y Glean de Royal Dutch Shell argumentaron que los 10 millones de dólares ya gastados en Hitler eran demasiado, que Hitler nunca actuaría. Finalmente, en la reunión se acordó en principio seguir ayudando a Hitler, y Warburg asumió de nuevo un encargo de mensajero y regresó a Alemania.

Se dice que en este viaje Warburg habló de asuntos alemanes con "un banquero judío" de Hamburgo, con un magnate industrial y con otros partidarios de Hitler. Una de las reuniones fue con el banquero von Heydt y un tal "Luetgebrunn". Este último declaró que las tropas de asalto nazis no estaban bien equipadas y que las SS necesitaban ametralladoras, revólveres y carabinas.

En la siguiente reunión Warburg-Hitler, Hitler argumentó que "los soviéticos aún no pueden echar de menos nuestros productos industriales. Daremos crédito, y si no soy capaz de desinflar Francia yo mismo, entonces los soviéticos me ayudarán". Hitler dijo que tenía dos planes para la toma del poder en Alemania: (a) el plan de la revolución, y (b), el plan de la toma legal del poder. El primer plan sería cuestión de tres meses, el segundo plan cuestión de tres años. Se citó a Hitler diciendo: "la revolución cuesta quinientos millones de marcos, la toma legal cuesta doscientos millones de marcos, ¿qué decidirán vuestros banqueros?". Al cabo de cinco días llegó a Warburg un telegrama de Guaranty Trust que se cita en el libro de la siguiente manera:

*Las cantidades sugeridas están descartadas. No queremos y no podemos. Explicar al hombre que tal transferencia a Europa hará añicos el mercado financiero. Absolutamente desconocido en territorio internacional. Esperen un largo informe, antes de que se tome la decisión. Quédese allí. Continuar la investigación. Persuadir al hombre de demandas imposibles. No olvide incluir en el informe su propia opinión sobre las posibilidades de futuro del hombre.*

Warburg envió su informe por cable a Nueva York y tres días después recibió un segundo cablegrama en el que se leía:

> *Informe recibido. Prepárese para entregar diez, máximo quince millones de dólares. Aconsejar al hombre necesidad de agresión contra el peligro extranjero.*

Los 15 millones de dólares se aceptaron para el camino legal de la adquisición, no para el plan revolucionario. El dinero fue transferido de Wall Street a Hitler vía Warburg como sigue - 5 millones de dólares a pagar en Mendelsohn & Company, Amsterdam; 5 millones de dólares en el Rotterdamsehe Bankvereinigung en Rotterdam; y 5 millones de dólares en "Banca Italiana".

Warburg viajó a cada uno de estos bancos, donde al parecer se reunió con Heydt, Strasser y Hermann Goering. Los grupos dispusieron que los cheques se hicieran a nombres diferentes en varias ciudades de Alemania. En otras palabras, los fondos fueron "blanqueados" según la tradición moderna para disimular sus orígenes en Wall Street. Al parecer, en Italia el grupo de pago fue recibido en el edificio principal del banco por su presidente y, mientras esperaban en su despacho, dos fascistas italianos, Rossi y Balbo, fueron presentados a Warburg, Heydt, Strasser y Goering. Tres días después del pago, Warburg regresó a Nueva York desde Génova en el *Savoya*.

De nuevo, informaba a Carter, Rockefeller y los demás banqueros.

La tercera sección de "Fuentes financieras del nacionalsocialismo" se titula simplemente "1933". La sección registra la tercera y última reunión de "Sidney Warburg" con Hitler - la noche en que el Reichstag fue incendiado. (Ya señalamos en el capítulo ocho la presencia de Putzi Hanfstaengl, amigo de Roosevelt, en el Reichstag). En esta reunión Hitler informó a Warburg de los progresos nazis hacia la toma legal del poder. Desde 1931 el partido nacionalsocialista había triplicado su tamaño. Se habían hecho depósitos masivos de armas cerca de la frontera alemana en Bélgica,

Holanda y Austria - pero estas armas requerían pagos en efectivo antes de su entrega. Hitler pidió un mínimo de 100 millones de marcos para llevar a cabo el último paso del programa de adquisición. Guaranty Trust envió un telegrama a Warburg ofreciendo un máximo de 7 millones de dólares, que se pagarían de la siguiente manera: 2 millones a la Renania Joint Stock Company de Düsseldorf (la sucursal alemana de Royal Dutch), y 5 millones a otros bancos. Warburg informó de esta oferta a Hitler, quien pidió que los 5 millones se enviaran a la Banca Italiana de Roma y (aunque el informe no lo dice) presumiblemente los otros 2 millones se pagaron a Dusseldorf. El libro concluye con la siguiente declaración de Warburg:

> *Llevé a cabo mi tarea estrictamente hasta el último detalle. Hitler es el dictador del mayor país europeo. El mundo lo ha observado trabajar durante varios meses. Mi opinión sobre él no significa nada ahora. Sus acciones demostrarán si es malo, que yo creo que lo es. Por el bien del pueblo alemán, espero de todo corazón estar equivocado. El mundo sigue sufriendo bajo un sistema que tiene que inclinarse ante un Hitler para mantenerse en pie. Pobre mundo, pobre humanidad.*

Esta es una sinopsis del libro suprimido de "Sidney Warburg" sobre los orígenes financieros del nacionalsocialismo en Alemania. Parte de la información contenida en el libro es ahora de dominio público, aunque sólo una parte era de conocimiento general a principios de la década de 1930. Es extraordinario observar que el desconocido autor tuvo acceso a información que no salió a la luz hasta muchos años después, por ejemplo, la identidad del banco von Heydt como conducto financiero de Hitler. ¿Por qué se retiró el libro de las librerías y se suprimió? La razón declarada para retirarlo fue que "Sidney Warburg" no existía, que el libro era una falsificación y que la familia Warburg afirmaba que contenía afirmaciones antisemitas y difamatorias.

La información del libro fue resucitada después de la Segunda Guerra Mundial y publicada en otros libros en un contexto antisemita que no existe en el libro original de 1933. Dos de estos libros de posguerra fueron *Spanischer Sommer*, de René Sonderegger, y *Liebet Eure Feinde*, de Werner Zimmerman.

Lo más importante es que James P. Warburg, de Nueva York, firmó una declaración jurada en 1949, que se publicó como apéndice en las *Memorias* de von Papen. Desgraciadamente, James P. Warburg se centra en el libro antisemita de Sonderegger de 1947, *Spanischer Sommer*, y no en el libro original suprimido de "Sidney Warburg" publicado en 1933, donde el único antisemitismo proviene de las supuestas declaraciones de Hitler.

En otras palabras, la declaración jurada de Warburg planteaba muchas más cuestiones de las que resolvía. Por lo tanto, debemos examinar la declaración jurada de Warburg de 1949 en la que negaba la autenticidad *de Fuentes financieras del nacionalsocialismo.*

### Declaración jurada de James Paul Warburg

En 1953, el nazi Franz von Papen publicó sus *Memorias.*[173] Se trataba de , el mismo Franz von Papen que había actuado en Estados Unidos en favor del espionaje alemán en la Primera Guerra Mundial. En sus Memorias, Franz von Papen aborda la cuestión de la financiación de Hitler y culpa directamente al industrial Fritz Thyssen y al banquero Kurt von Sehroder. Papen niega que él (Papen) financiara a Hitler y, de hecho, no se ha presentado ninguna prueba creíble que vincule a von Papen con los fondos de Hitler (aunque Zimmerman en *Liebert Eure Feinde* acusa a Papen de donar 14 millones de marcos). En este contexto, von Papen menciona "*Las fuentes financieras del nacionalsocialismo*" de Sidney Warburg, junto con los dos libros más recientes posteriores a la Segunda Guerra Mundial de Werner Zimmerman y René Sonderegger (alias Severin Reinhardt).[174] Papen añade que:

---

[173] Franz von Papen, *Memorias*, (Nueva York: E.P. Dutton & Co., Inc., 1958). Traducido por Brian Connell.

[174] Werner Zimmerman, *Liebet Eure Feinde*, (Frankhauser Verlag: Thielle-

*James P. Warburg es capaz de refutar toda la falsificación en su declaración jurada... Por mi parte, estoy muy agradecido al Sr. Warburg por deshacerse de una vez por todas de este libelo malicioso. Es casi imposible refutar acusaciones de este tipo por simple negación, y su autorizada negación me ha permitido dar cuerpo a mis propias protestas.*[175]

Hay dos secciones en el Apéndice II del libro de Papen. La primera es una declaración de James P. Warburg; la segunda es la declaración jurada, fechada el 15 de julio de 1949.

El párrafo inicial de la declaración recoge que en 1933 la editorial neerlandesa Holkema y Warendorf publicó *De Geldbronnen van Het Nationaal-Socialisme. Drie Gesprekken Met Hitler*, y añade que,

> *Este libro fue escrito supuestamente por "Sidney Warburg". Un socio de la empresa de Amsterdam Warburg & Co. informó a James P. Warburg del libro y Holkema y Warendorf fueron informados de que no existía tal persona como "Sidney Warburg". En consecuencia, retiraron el libro de la circulación.*

A continuación, James Warburg hace dos afirmaciones consecutivas y aparentemente contradictorias:

> *... el libro contenía una gran cantidad de material difamatorio contra varios miembros de mi familia y contra una serie de importantes entidades bancarias y particulares de Nueva York. Al parecer, sólo un puñado de ejemplares escaparon a la retirada del editor.*

---

Neuchatel, 1948), que contiene un capítulo, "Hitler's geheime Geldgeber" (Los apoyos financieros secretos de Hitler) y René Sonderegger, *Spanischer Sommer*, (Afroltern, Suiza: Aehren Verlag, 1948).

[175] Franz von Papen, *Memorias, op. cit.*, p. 23.

Ahora, por un lado, Warburg afirma que nunca ha visto una copia del libro "Sidney Warburg" y, por otro lado, dice que es *"difamatorio"* y procede a construir una declaración jurada detallada frase por frase para refutar la información supuestamente contenida en un libro que afirma no haber visto. Es muy difícil aceptar la validez de la afirmación de Warburg de que "nunca hasta el día de hoy ha visto una copia del libro". O si efectivamente no lo ha hecho, entonces la declaración jurada carece de valor.

James Warburg añade que el libro *"Sidney* Warburg" es "antisemitismo obvio", y la idea central de la afirmación de Warburg es que la historia de *"Sidney* Warburg" es pura propaganda antisemita. De hecho (y Warburg habría descubierto este hecho si hubiera leído el libro), las *únicas* declaraciones antisemitas del libro de 1933 son las atribuidas a Adolf Hitler, cuyos sentimientos antisemitas no son ningún gran descubrimiento. Aparte de los desvaríos de Hitler no hay nada en el libro original de "Sidney Warburg" remotamente relacionado con el antisemitismo, a menos que clasifiquemos a Rockefeller, Glean, Carter, McBean, *etc.* como judíos. *De hecho, es notable que ni un solo banquero judío se nombra en el libro - a excepción del mítico "Sidney Warburg" que es un mensajero, no uno de los supuestos dadores de dinero.* Sin embargo, sabemos por una fuente fidedigna (el embajador Dodd) que el banquero judío Eberhard von Oppenheim dio efectivamente 200.000 marcos a Hitler[176] , y es poco probable que "Sidney Warburg" hubiera pasado por alto esta observación si estuviera difundiendo deliberadamente falsa propaganda antisemita.

La primera página de la declaración de James Warburg se refiere al libro de 1933. Después de la primera página Warburg presenta a René Sonderegger y otro libro escrito en 1947. Un análisis cuidadoso de la declaración y la declaración jurada de Warburg pone de manifiesto que sus negaciones y afirmaciones se refieren esencialmente a Sonderegger y *no* a Sidney Warburg. Ahora bien, Sonderegger era antisemita y probablemente formó parte de un movimiento neonazi después de la Segunda Guerra Mundial, pero

---

[176] William E. Dodd, *Ambassador Dodd,s Diary*, op. cit. pp, 593-602.

esta afirmación de antisemitismo no puede atribuirse al libro de 1933, y ése es el quid de la cuestión en litigio. En resumen, James Paul Warburg empieza afirmando que habla de un libro que nunca ha visto pero que sabe que es difamatorio y antisemita, y luego, sin previo aviso, desplaza la acusación a otro libro que era ciertamente antisemita pero que se publicó una década más tarde. De este modo, la declaración jurada de Warburg confunde tan minuciosamente los dos libros que el lector se ve inducido a condenar al mítico "Sidney Warburg" junto con Sonderegger.[177] Veamos algunas de las declaraciones de J.P. Warburg:

| Declaración jurada de James P. Warburg Ciudad de Nueva York, 15 de julio de 1949 | Comentarios del autor sobre la declaración jurada de James P. Warburg |
|---|---|
| 1. Con respecto a las alegaciones totalmente falsas y Nota que la declaración jurada se refiere maliciosas realizadas por Rene Sonderegger de Zurich, Suiza, *y otros*, tal y como se expone en la parte anterior de esta declaración, yo, James Paul Warburg, de Greenwich, Connecticut, EE.UU., declaro lo siguiente: | Obsérvese que la declaración jurada se refiere a René Sonderegger, no al libro publicado por J.G. Shoup en 1933. |
| 2. Sidney Warburg" no existía en la ciudad de Nueva York en 1933, ni en ningún otro lugar, que yo sepa, ni entonces ni en ningún otro momento. | Podemos suponer que el nombre "Sidney Warburg" es un seudónimo, o se utiliza falsamente. |
| 3. Nunca entregué ningún manuscrito, diario, notas, cables o cualquier otro documento a ninguna persona para su traducción y publicación en Holanda y, específicamente, nunca entregué ninguno de tales documentos al supuesto J.G. Shoup de Amberes. Por lo que yo sé y recuerdo, nunca me reuní con ninguna de esas personas. | La declaración jurada se limita a la concesión de materiales "para su traducción y publicación en Holanda". |
| 4. La conversación telefónica entre Roger Baldwin y yo, relatada por Sonderegger, nunca tuvo lugar y es pura invención. | Reportado por Sonderegger, no por "Sidney Warburg". |

---

[177] El lector deberá examinar la declaración y la declaración jurada completas de Warburg; véase Franz von Papen, *Memorias, op. cit.* pp. 593-602.

5. No fui a Alemania a petición del Presidente de la Guaranty Trust Company en 1929, ni en ningún otro momento.
6. Fui a Alemania por negocios de mi propio banco, The International Acceptance Bank Inc. de Nueva York, tanto en 1929 como en 1930. En ninguna de estas ocasiones tuve nada que ver con la investigación de la posible prevención de una revolución comunista en Alemania mediante la promoción de una contrarrevolución nazi. Estoy en condiciones de demostrar que, a mi regreso de Alemania después de las elecciones al Reichstag de 1930, advertí a mis asociados que era muy probable que Hitler llegara al poder en Alemania y que el resultado sería una Europa dominada por los nazis o una segunda guerra mundial, tal vez ambas cosas. Esto puede corroborarse así como el hecho de que, como consecuencia de mi advertencia, mi banco procedió a reducir sus compromisos alemanes lo más rápidamente posible.
7. No mantuve conversaciones en ningún lugar, en ningún momento, con Hitler, con ningún funcionario nazi ni con nadie más sobre la provisión de fondos para el Partido Nazi. Específicamente, no tuve tratos de este tipo con Mendelssohn & Co, ni con el Rotterdamsche Bankvereiniging ni con la Banca Italiana. (En este último caso probablemente deba leerse Banca d'Italia, con la que tampoco tuve tratos de ese tipo).

Pero Warburg sí fue a Alemania en 1929 y 1930 para el International Acceptance Bank, Inc.

Obsérvese que Warburg, según su propia declaración, dijo a sus socios bancarios que Hitler llegaría al poder. Esta afirmación fue hecha en 1930 - y los Warburg continuaron como directores con I.G. Farben y otras firmas pro-nazis.

No hay pruebas que contradigan esta afirmación. Hasta donde se puede rastrear Warburgs no estaban conectados con estas empresas bancarias, excepto que el corresponsal italiano del Banco de Manhattan de Warburg era "Banca Commerciale Italiana" - que está cerca de "Banca Italiana".

8. En febrero de 1933 (véanse las páginas 191 y 192 del Spanischer Sommer), cuando supuestamente llevé a Hitler el último plazo de los fondos americanos y fui recibido por Goering y Goebbels, así como por el propio Hitler, puedo demostrar que no estuve en Alemania en absoluto. Nunca puse un pie en Alemania después de la llegada de los nazis al poder en enero de 1933. En enero y febrero estuve en Nueva York y Washington, trabajando tanto con mi banco como con el presidente electo Roosevelt en la entonces aguda crisis bancaria. Tras la toma de posesión del Sr. Roosevelt, el 3 de marzo de 1933, estuve trabajando con él continuamente ayudando a preparar el orden del día de la Conferencia Económica Mundial, a la que fui enviado como Consejero Financiero a principios de junio. Esto es un asunto de dominio público.

No hay pruebas que contradigan estas afirmaciones. "Sidney Warburg" no aporta pruebas que respalden sus afirmaciones.

Véase *Wall Street y FDR*, para más detalles sobre las asociaciones alemanas de FDR.

9. Las declaraciones anteriores deberían bastar para demostrar que todo el mito de "Sidney Warburg" y la posterior identificación espuria de mi persona con el inexistente "Sidney" son invenciones de falsedad maliciosa sin el menor fundamento en la verdad.

No. James P. Warburg declara que nunca ha visto el libro original de "Sidney Warburg" publicado en Holanda en 1933. Por lo tanto, su declaración jurada sólo se aplica al libro de Sonderegger, que es inexacto. Sidney Warburg bien puede ser un mito, pero la asociación de Max Warburg y Paul Warburg con I.G. Farben y Hitler no es un mito.

¿Tiene James Warburg intención de engañar?

Es cierto que "Sidney Warburg" puede haber sido una invención, en el sentido de que "Sidney Warburg" nunca existió. *Suponemos* que el nombre es falso, pero *alguien* escribió el libro. Zimmerman y Sonderegger pueden o no haber difamado el nombre de Warburg, pero desgraciadamente cuando examinamos la declaración jurada de James P. Warburg publicada en las *Memorias* de von Papen nos quedamos tan a oscuras como siempre. Hay tres preguntas importantes y sin respuesta: (1) ¿por qué James P. Warburg calificaría de falsificación un libro que no ha leído? (2) ¿por qué la declaración jurada de Warburg elude la cuestión clave y desvía el debate de "Sidney Warburg" al libro antisemita de Sonderegger publicado en 1947? y (3) ¿por qué James P. Warburg sería tan insensible a las críticas de los judíos? Warburg es tan insensible al sufrimiento judío en la Segunda Guerra Mundial como para publicar su declaración jurada en las *Memorias* de Franz von Papen, que fue un destacado nazi en el corazón del movimiento Hitler desde los primeros días de 1933?

No sólo los Warburg alemanes fueron perseguidos por Hitler en 1938, sino que millones de judíos perdieron la vida a manos de la barbarie nazi. Parece elemental que cualquiera que haya sufrido y haya sido sensible a los sufrimientos pasados de los judíos alemanes evitaría a los nazis, el nazismo y los libros neonazis como a la peste. Sin embargo, aquí tenemos al nazi von Papen actuando como genial anfitrión literario del autodenominado antinazi James P. Warburg, quien aparentemente agradece la oportunidad. Además, los Warburg tuvieron muchas oportunidades de publicar una declaración jurada de este tipo con amplia publicidad sin utilizar canales neonazis.

El lector sacará provecho de reflexionar sobre esta situación. La única explicación lógica es que algunos de los hechos que aparecen en el libro "Sidney Warburg" son ciertos, se acercan a la verdad o son embarazosos para James P. Warburg. No se puede decir que Warburg *pretenda* engañar (aunque parezca una conclusión obvia), porque los hombres de negocios son escritores y razonadores notoriamente ilógicos, y ciertamente no hay nada que exima a Warburg de esta categorización.

### Algunas conclusiones de la historia de Sidney Warburg

"Sidney Warburg" nunca existió; en este sentido, el libro original de 1933 es una obra de ficción. Sin embargo, muchos de los hechos entonces poco conocidos que se recogen en el libro son curatos; y la declaración jurada de James Warburg no va dirigida contra el abucheo original, sino contra un libro antisemita que circuló más de una década después.

Paul Warburg era director de la I.G. Farben estadounidense y, por tanto, estaba relacionado con la financiación de Hitler. Max Warburg, director de la alemana I.G. Farben, firmó -junto con el propio Hitler- el documento por el que se nombraba a Hjalmar Schacht miembro del Reichsbank. Estas conexiones verificables entre los Warburg y Hitler sugieren que la historia de "Sidney Warburg" no puede ser abandonada como una falsificación total sin un examen minucioso.

¿Quién escribió el libro de 1933 y por qué? I.G. Shoup dice que las notas fueron escritas por un Warburg en Inglaterra y le fueron entregadas para que las tradujera. El motivo Warburg fue supuestamente un genuino remordimiento por el comportamiento amoral de los Warburg y sus socios de Wall Street. ¿Le parece un motivo plausible? No ha pasado desapercibido que esos mismos hombres de Wall Street que traman guerras y revoluciones son a menudo en su vida privada auténticos ciudadanos decentes; no está fuera del ámbito de lo razonable que alguno de ellos tuviera un cambio de opinión o un cargo de conciencia. Pero esto no está probado.

Si el libro era una falsificación, ¿quién lo escribió? James Warburg admite que no conoce la respuesta, y escribe: "El propósito original de la falsificación sigue siendo algo oscuro incluso hoy en día.[178]

¿Algún gobierno falsificaría el documento? Desde luego, no los gobiernos británico o estadounidense, ambos implicados indirectamente en el libro. Desde luego, no el gobierno nazi de Alemania, aunque James Warburg parece sugerir esta improbable posibilidad. ¿Podría ser Francia, o la Unión Soviética, o tal vez Austria? Francia, posiblemente porque Francia temía el ascenso de la Alemania nazi. Austria es una posibilidad similar. La Unión Soviética es una posibilidad porque los soviéticos también tenían mucho que temer de Hitler. Así que es plausible que Francia, Austria o la Unión Soviética tuvieran algo que ver en la preparación del libro.

Cualquier ciudadano privado que falsificara un libro así sin

---

[178] Franz von Papen, *Memorias, op. cit.*, p. 594.

materiales internos del gobierno tendría que estar notablemente bien informado. Guaranty Trust no es un banco especialmente conocido fuera de Nueva York, y sin embargo existe un extraordinario grado de verosimilitud sobre la implicación de Guaranty Trust, porque fue el vehículo de Morgan utilizado para financiar e infiltrarse en la revolución bolchevique.[179] Quienquiera que nombrara a Guaranty Trust como el vehículo para financiar a Hitler, o bien sabía mucho más que el hombre de la calle, o bien disponía de auténtica información gubernamental. ¿Cuál sería el motivo detrás de un libro así?

El único motivo que parece aceptable es que el autor desconocido tuviera conocimiento de que se estaba preparando una guerra y esperara una reacción pública contra los fanáticos de Wall Street y sus amigos industriales en Alemania, antes de que fuera demasiado tarde. Evidentemente, *quienquiera que* escribiera el libro, su motivo casi seguro era advertir contra la agresión hitleriana y señalar su origen en Wall Street, porque la asistencia técnica de las empresas estadounidenses controladas por Wall Street seguía siendo necesaria para construir la maquinaria bélica de Hitler. Las patentes de hidrogenación de Standard Oil y la financiación de las plantas de obtención de petróleo a partir del carbón, las miras de las bombas y el resto de la tecnología necesaria no se habían transferido completamente cuando se escribió el libro "Sidney Warburg". En consecuencia, este podría haber sido un libro diseñado para romper la espalda de los partidarios de Hitler en el extranjero, para inhibir la transferencia prevista del potencial bélico de EE.UU., y para eliminar el apoyo financiero y diplomático del Estado nazi. Si este era el objetivo, es lamentable que el libro no lograra ninguno de estos propósitos.

---

[179] Véase Antony C. Sutton, *Wall Street and the Bolshevik* Revolution, op. cit.

## Capítulo XI

## Colaboración entre Wall Street y los nazis en la Segunda Guerra Mundial

Detrás de los frentes de batalla en la Segunda Guerra Mundial, a través de intermediarios en Suiza y África del Norte, la élite financiera de Nueva York colaboró con el régimen nazi, Archivos capturados después de la guerra arrojaron una masa de pruebas que demuestran que para algunos elementos de Big Business, el período 1941-5 fue "business as usual". Por ejemplo, la correspondencia entre empresas estadounidenses y sus filiales francesas revela la ayuda prestada a la maquinaria militar del Eje, mientras Estados Unidos estaba en guerra con Alemania e Italia. Las cartas entre Ford de Francia y Ford de Estados Unidos entre 1940 y julio de 1942 fueron analizadas por la sección de Control de Fondos Extranjeros del Departamento del Tesoro. Su informe inicial concluyó que hasta mediados de 1942:

> *(1) la actividad de las filiales de Ford en Francia aumentó sustancialmente; (2) su producción benefició exclusivamente a los alemanes y a los países bajo su ocupación; (3) los alemanes "han mostrado claramente su deseo de proteger los intereses de Ford" debido a la actitud de estricta neutralidad mantenida por Henry Ford y el difunto Edsel Ford; y (4) el aumento de la actividad de las filiales francesas de Ford en favor de los alemanes recibió el elogio de la familia Ford en Estados Unidos.*[180]

Del mismo modo, el Rockefeller Chase Bank fue acusado de

---

[180] *Diario Morgenthau (Alemania).*

colaborar con los nazis en la Francia de la Segunda Guerra Mundial, mientras que Nelson Rockefeller tenía un trabajo suave en Washington D.C.:

> *Un examen de la correspondencia entre Chase, Nueva York, y Chase, Francia, desde la fecha de la caída de Francia hasta mayo de 1942 revela que: (1) el director de la oficina de París apaciguó y colaboró con los alemanes para colocar a los bancos Chase en una "posición privilegiada"; (2) los alemanes tenían al Chase Bank en una estima muy especial - debido a las actividades internacionales de nuestra oficina central (Chase) y a las agradables relaciones que la sucursal de París ha mantenido con muchos de sus bancos (alemanes) y sus organizaciones locales (alemanas) y altos funcionarios; (3) el director de París era "muy enérgico en la aplicación de restricciones contra la propiedad judía, llegando incluso a negarse a liberar los fondos pertenecientes a los judíos en previsión de que un decreto con disposiciones retroactivas que prohíben dicha liberación podría ser publicado en un futuro próximo por las autoridades de ocupación;" (4) la oficina de Nueva York a pesar de la información anterior no tomó medidas directas para eliminar al indeseable director de la oficina de París, ya que "podría reaccionar en contra de nuestros intereses (Chase), ya que estamos tratando, no con una teoría, sino con una situación."*[181]

Un informe oficial al entonces Secretario del Tesoro Morgenthau concluyó que:

> *Estas dos situaciones [es decir, Ford y Chase Bank] nos convencen de que es imperativo investigar inmediatamente sobre el terreno las actividades de las filiales de al menos algunas de las mayores empresas estadounidenses que operaban en Francia durante la*

---

[181] *Ibid.*

ocupación alemana.[182]

Los funcionarios del Tesoro instaron a que se iniciara una investigación con las filiales francesas de varios bancos estadounidenses, es decir, Chase, Morgan, National City, Guaranty, Bankers Trust y American Express. Aunque el Chase y el Morgan fueron los dos únicos bancos que mantuvieron oficinas francesas durante la ocupación nazi, en septiembre de 1944 todos los grandes bancos neoyorquinos estaban presionando al Gobierno de Estados Unidos para que les permitiera reabrir las sucursales que tenían antes de la guerra.

Una investigación posterior del Tesoro aportó pruebas documentales de la colaboración tanto del Chase Bank como de J.P. Morgan con los nazis en la Segunda Guerra Mundial. La recomendación de una investigación completa se cita íntegramente a continuación:

COMUNICACIÓN ENTRE OFICINAS DEL DEPARTAMENTO DE TESORERÍA

Fecha: 20 de diciembre de 1944

Para: Secretario Morgenthau De: Sr. Saxon

El examen de los registros del Chase Bank, París, y de Morgan and Company, Francia, sólo ha avanzado lo suficiente para permitir conclusiones provisionales y la revelación de algunos hechos interesantes:

BANCO CHASE, PARÍS

a. Niederman, de nacionalidad suiza, gerente de Chase, París, fue sin duda un colaborador;

---

[182] *Ibid.*

b. La oficina central del Chase en Nueva York fue informada de la política colaboracionista de Nieder-man, pero no tomó ninguna medida para destituirlo. De hecho, existen numerosas pruebas que demuestran que la oficina central de Nueva York consideraba que las buenas relaciones de Niederman con los alemanes eran un medio excelente para mantener intacta la posición del Chase Bank en Francia;

c. Las autoridades alemanas estaban ansiosas por mantener abierto el Chase y, de hecho, tomaron medidas excepcionales para proporcionar fuentes de ingresos;

d. Las autoridades alemanas deseaban "ser amigos" de los importantes bancos estadounidenses porque esperaban que estos bancos fueran útiles después de la guerra como instrumento de la política alemana en Estados Unidos;

e. El Chase de París se mostró muy ansioso por complacer a las autoridades alemanas de todas las maneras posibles. Por ejemplo, el Chase mantuvo celosamente la cuenta de la embajada alemana en París, "ya que cualquier cosa ayuda" (a mantener las excelentes relaciones entre el Chase y las autoridades alemanas);

f. Todo el objetivo de la política y las operaciones de Chase era mantener la posición del banco a cualquier precio.

MORGAN AND COMPANY, FRANCIA

a. Morgan and Company se consideraba un banco francés y, por tanto, estaba obligado a respetar las leyes y reglamentos bancarios franceses, fueran o no de inspiración nazi; y de hecho así lo hizo;

b. Morgan and Company estaba muy interesada en preservar la continuidad de su casa en Francia y, para lograr esta seguridad, elaboró un modus vivendi con las autoridades alemanas;

c. Morgan and Company gozaba de un enorme prestigio entre las autoridades alemanas, y los alemanes se jactaban de la espléndida cooperación de Morgan and Company;

d. Morgan continuó sus relaciones de preguerra con las grandes empresas industriales y comerciales francesas que trabajaban para Alemania, incluidas las fábricas Renault, confiscadas por el gobierno francés, Peugeot [sic], Citroën y muchas otras.

e. El poder de Morgan and Company en Francia no guarda relación alguna con los escasos recursos financieros de la empresa, y la investigación que ahora se está llevando a cabo tendrá un valor real al permitirnos estudiar por primera vez el modelo Morgan en Europa y la forma en que Morgan ha utilizado su gran poder;

f. Morgan and Company buscaba constantemente sus fines enfrentando a un gobierno contra otro de la manera más fría y sin escrúpulos.

El Sr. Jefferson Caffery, embajador de Estados Unidos en Francia, ha sido informado de los progresos de esta investigación y en todo momento me dio su pleno apoyo y aliento, en principio y de hecho. De hecho, fue el propio Sr. Caffery quien me preguntó cómo habían actuado las filiales de Ford y General Motors en Francia durante la ocupación, y expresó su deseo de que investigáramos esas empresas una vez concluida la investigación bancaria.

RECOMENDACIÓN

Recomiendo que esta investigación, que, por razones inevitables, ha progresado lentamente hasta este momento, se acelere urgentemente y que se envíe a París el personal adicional necesario lo antes posible.[183]

Nunca se llevó a cabo una investigación completa, y hasta la fecha no se ha investigado esta actividad presuntamente traicionera.

---

[183] *Ibídem, pp. 800-2.*

## I.G. estadounidense en la Segunda Guerra Mundial

La colaboración entre empresarios estadounidenses y nazis en la Europa del Eje fue paralela a la protección de los intereses nazis en Estados Unidos. En 1939, American I.G. pasó a llamarse General Aniline & Film, y General Dyestuffs actuó como su agente de ventas exclusivo en Estados Unidos. Estos nombres ocultaron eficazmente el hecho de que American I.G. (o General Aniline & Film) era un importante productor de importantes materiales de guerra, como atabrina, magnesio y caucho sintético. Los acuerdos restrictivos con su matriz alemana I.G. Farben redujeron los suministros estadounidenses de estos productos militares durante la Segunda Guerra Mundial.

Halbach, ciudadano estadounidense, se convirtió en presidente de General Dyestuffs en 1930 y adquirió el control mayoritario en 1939 de Dietrich A. Schmitz, director de American I.G. y hermano de Hermann Schmitz, director de I.G. Farben en Alemania y presidente del consejo de American I.G. hasta el estallido de la guerra en 1939. Después de Pearl Harbor, el Tesoro estadounidense bloqueó las cuentas bancarias de Halbach. En junio de 1942, el Alien Property Custodian confiscó las acciones de Halbach en General Dyestuffs y se hizo cargo de la empresa como corporación enemiga en virtud de la Ley de Comercio con el Enemigo. Posteriormente, el Alien Property Custodian nombró un nuevo consejo de administración para que actuara como fideicomisario mientras durara la guerra. Estas acciones eran prácticas razonables y habituales, pero cuando indagamos bajo la superficie surge otra historia bastante anormal.

Entre 1942 y 1945 Halbach fue nominalmente consultor de General Dyestuffs. De hecho Halbach dirigía la empresa, a razón de 82.000 dólares anuales, Louis Johnson, antiguo Subsecretario de Guerra, fue nombrado presidente de General Dyestuffs por el 'Gobierno de EE.UU., por lo que recibía 75.000 dólares anuales. Louis Johnson intentó presionar al Tesoro estadounidense para que desbloqueara los fondos bloqueados de Halbach y le permitiera desarrollar políticas contrarias a los intereses de Estados Unidos, entonces en guerra con Alemania. El argumento utilizado para conseguir el desbloqueo de las cuentas bancarias de Halbach fue que éste dirigía la empresa y que el consejo de administración nombrado por el Gobierno "se habría perdido sin el conocimiento del Sr. Halbach".

Durante la guerra, Halbach presentó demandas contra el Custodio de la Propiedad Extranjera, a través del bufete de abogados del establishment Sullivan and Cromwell, para expulsar al Gobierno de EE.UU. de su control de las empresas de I.G. Farben. Estas demandas no tuvieron éxito, pero Halbach consiguió mantener intactos los acuerdos del cártel Farben durante toda la Segunda Guerra Mundial; el Custodio de la Propiedad Extranjera nunca acudió a los tribunales durante la Segunda Guerra Mundial por las demandas antimonopolio pendientes. ¿Por qué? Leo T. Crowley, jefe de la oficina del Custodio de la Propiedad Extranjera, tenía a John Foster Dulles como asesor, y John Foster Dulles era socio del bufete Sullivan and Cromwell antes mencionado, que actuaba en nombre de Halbach en su demanda contra el Custodio de la Propiedad Extranjera.

Hubo otras situaciones de conflicto de intereses que debemos señalar. Leo T. Crowley, el Custodio de la Propiedad Extranjera, nombró a Victor Emanuel miembro de los consejos de administración de General Aniline & Film y General Dyestuffs. Antes de la guerra Victor Emanuel era director de la J. Schroder Banking Corporation. Schroder, como ya hemos visto, era un destacado financiero de Hitler y del partido nazi, *y en aquella misma época era miembro del Círculo de Amigos de Himmler, haciendo importantes contribuciones a organizaciones de las S.S. en Alemania.*

A su vez Victor Emanuel nombró a Leo Crowley jefe de Standard Gas & Electric (controlada por Emanuel) a 75.000 dólares anuales. Esta suma se sumaba al salario de Crowley como Custodio de la Propiedad Extranjera y a los 10.000 dólares anuales como jefe de la Corporación Federal de Seguros de Depósitos del Gobierno de Estados Unidos. En 1945 James E. Markham había sustituido a Crowley como A.P.C. y también fue nombrado por Emanuel director de Standard Gas a 4.850 dólares anuales, además de los 10.000 dólares que cobraba como Custodio de la Propiedad Extranjera.

La influencia en tiempo de guerra de General Dyestuffs y de esta cozy coterie del gobierno-negocio a favor de I.G. Farben se ejemplifica en la facilidad de American Cyanamid. Antes de la guerra I.G. Farben controlaba las industrias de drogas, quimicas y colorantes en Mexico. Durante la Segunda Guerra Mundial se propuso a Washington que American Cyanamid se hiciera cargo de esta industria mexicana y desarrollara una industria química "independiente" con las viejas firmas de I.G. Farben incautadas por el Custodio de Propiedad Extranjera mexicano.

Como asalariados del banquero de Schroder Victor Emanuel, Crowley y Markham, que eran también empleados del gobierno de los Estados Unidos, intentaron tratar la cuestión de estos intereses de I.G. Farben en los Estados Unidos y México. El 13 de abril de 1943, James Markham envió una carta al Secretario de Estado Cordell Hull en la que se oponía al acuerdo propuesto con Cyanamid, alegando que era contrario a la Carta del Atlántico e interferiría con el objetivo de establecer empresas independientes en América Latina. La posición de Markham fue apoyada por Henry A. Wallace y el Fiscal General Francis Biddle.

Las fuerzas alineadas en contra del acuerdo con Cyanamid eran Sterling Drug, Inc. y Winthrop. Tanto Sterling como Winthrop se arriesgaban a perder su mercado de drogas en México si se cerraba el trato con Cyanamid. También hostil al trato de Cyanamid, por supuesto, era General Aniline y General Dyestuffs de I.G. Farben, dominada por Victor Emanuel, antiguo socio del banquero Sehroder.

Por otra parte, el Departamento de Estado y la Oficina del Coordinador de Asuntos Interamericanos -que resultó ser el bebé de Nelson Rockefeller en tiempos de guerra- *apoyaron* la propuesta de acuerdo con Cyanamid. Por supuesto, los Rockefeller también están interesados en las industrias farmacéutica y química de América Latina. En resumen, un monopolio estadounidense bajo la influencia de Rockefeller habría sustituido a un monopolio nazi de I.G. Farben.

I.G. Farben ganó este asalto en Washington, pero se plantean cuestiones más ominosas cuando analizamos el bombardeo de

Alemania en tiempos de guerra por parte de la U.S.A.A.F. Durante mucho tiempo se ha rumoreado, pero nunca se ha probado, que Farben recibió un trato de favor, es decir, que no fue bombardeada. James Stewart Martin comenta lo siguiente sobre el trato de favor recibido por I.G. Farben en el bombardeo de Alemania:

> Poco después de que los ejércitos llegaran al Rin en Colonia, conducíamos por la orilla oeste a la vista de la planta intacta de I.G. Farben en Leverkusen, al otro lado del río. Sin saber nada de mí ni de mis negocios, el conductor del jeep empezó a darme una conferencia sobre I.G. Farben y a señalar el contraste entre la ciudad de Colonia, bombardeada, y el trío de fábricas intactas de la periferia: las fábricas de Ford y United Rayon en la orilla oeste, y las fábricas de Farben en la orilla este....[184]

Aunque esta acusación es en gran medida una cuestión abierta, que requiere una gran cantidad de investigación cualificada en los registros de bombardeos de la U.S.A.A.F., otros aspectos del favoritismo hacia los nazis están bien registrados.

Al final de la Segunda Guerra Mundial, Wall Street se trasladó a Alemania a través del Consejo de Control para proteger a sus antiguos amigos del cártel y limitar hasta qué punto el fervor desnazificador dañaría las viejas relaciones comerciales. El general Lucius Clay, vicegobernador militar de Alemania, nombró a empresarios que se oponían a la desnazificación para que ocuparan puestos de control sobre el producto de la desnazificación. *William H. Draper, de Dillon, Read, la empresa que financió a los cárteles alemanes en los años veinte, se convirtió en adjunto del general Clay.*

El banquero William Draper, como General de Brigada William Draper, formó su equipo de control a partir de hombres de negocios que habían representado a empresas estadounidenses en la Alemania

---

[184] *James Stewart Martin, All Honorable Men, op. cit., p. 75.*

de preguerra. La representación de General Motors incluía a Louis Douglas, antiguo director de G.M., y a Edward S. Zdunke, jefe de General Motors en Amberes antes de la guerra, nombrado para supervisar la Sección de Ingeniería del Consejo de Control. Peter Hoglund, experto en la industria automovilística alemana, obtuvo una excedencia de General Motors. La selección de personal para el Consejo corrió a cargo del coronel Graeme K. Howard - antiguo representante de G.M. en Alemania y autor de un libro que "alaba las prácticas totalitarias [y] justifica la agresión alemana..."[185]

El Secretario del Tesoro Morgenthau se sintió profundamente perturbado por las implicaciones de este monopolio de Wall Street sobre el destino de la Alemania nazi y preparó un memorando para presentarlo al Presidente Roosevelt. El memorándum completo de Morgenthau, fechado el 29 de mayo de 1945, dice lo siguiente:

MEMORÁNDUM

29 de mayo de 1945

El teniente general Lucius D. Clay, como adjunto del general Eisenhower, dirige activamente el elemento estadounidense del Consejo de Control para Alemania. Los tres principales asesores del general Clay en el Consejo de Control son.

1. Embajador Robert D. Murphy, encargado de la División Política.

2. Louis Douglas, a quien el general Clay describe como mi asesor personal en asuntos económicos, financieros y gubernamentales". Douglas dimitió como Director del Presupuesto en 1934; y durante los ocho años siguientes atacó la política fiscal del gobierno. Desde 1940, Douglas es presidente de la Mutual Life Insurance Company, y desde diciembre de 1944, *director de la General Motors*

---

[185] *Diario de Morgenthau (Alemania), p. 1543. El libro del coronel Graeme K. Howard se titulaba America and a New World Order, (Nueva York: Scribners, 1940).*

*Corporation.*

3. General de Brigada William Draper, que es el director de la División Económica del Consejo de Control. El general Draper es socio de la firma bancaria Dillon, Read and Company, El *New York Times* del domingo contenía el anuncio del personal clave que ha sido nombrado por el general Clay y el general Draper para la División Económica del Consejo de Control. Los nombramientos son los siguientes:

1. R.J. Wysor se encargará de los asuntos metalúrgicos. Wysor fue presidente de la Republic Steel Corporation desde 1937 hasta una fecha reciente, y antes de esa fecha estuvo asociado con la Bethlehem Steel, la Jones and Laughlin Steel Corporation y la Republic Steel Corporation.

2. Edward X. Zdunke supervisará la sección de ingeniería. Antes de la guerra, el Sr. Zdunke fue jefe de General Motors en Amberes.

3. Philip Gaethke se encargará de las operaciones mineras. Gaethke estuvo vinculado a Anaconda Copper y fue director de sus fundiciones y minas en Alta Silesia antes de la guerra.

4. Philip P. Clover se encargará de los asuntos petroleros. Anteriormente fue representante de la Socony Vacuum Oil Company en Alemania.

5. Peter Hoglund se ocupará de los problemas de producción industrial. Hoglund está de excedencia en General Motors y se dice que es un experto en la producción alemana.

6. Calvin B. Hoover estará a cargo del Grupo de Inteligencia en el Consejo de Control y también será asesor especial del general Draper. En una carta al Editor del *New York Times* del 9 de octubre de 1944, Hoover escribió lo siguiente:

> *La publicación del plan del Secretario Morgenthau para tratar con Alemania me ha perturbado profundamente...*

*una paz tan cartaginesa dejaría un legado de odio que envenenaría las relaciones internacionales durante generaciones... el vacío en la economía de Europa que existiría con la destrucción de toda la industria alemana es algo difícil de contemplar.*

7. Laird Bell será Consejero Jefe de la División Económica. Es un conocido abogado de Chicago y en mayo de 1944 fue elegido presidente del *Chicago Daily News*, tras la muerte de Frank Knox.

Uno de los hombres que ayudó al general Draper en la selección de personal para la División de Economía fue el coronel Graeme Howard, vicepresidente de General Motors, encargado de sus negocios en el extranjero y destacado representante de General Motors en Alemania antes de la guerra. Howard es autor de un libro en el que elogia las prácticas totalitarias, justifica la agresión alemana y la política de apaciguamiento de Munich, y culpa a Roosevelt de precipitar la guerra.

Así, cuando examinamos el Consejo de Control para Alemania bajo el mando del general Lucius D. Clay, encontramos que el jefe de la división de finanzas era Louis Douglas, director de General Motors, controlada por Morgan, y presidente de Mutual Life Insurance. (Opel, la filial alemana de General Motors, había sido el mayor productor de tanques de Hitler). El jefe de la División de Economía del Consejo de Control era William Draper, socio de la firma Dillon, Read, que tanto tuvo que ver con la construcción de la Alemania nazi en primer lugar. Los tres hombres eran, lo que no es sorprendente a la luz de descubrimientos más recientes, miembros del Consejo de Relaciones Exteriores.

## ¿Fueron culpables de crímenes de guerra los industriales y financieros estadounidenses?

Los Juicios por Crímenes de Guerra de Nuremberg propusieron seleccionar a los responsables de los preparativos y atrocidades de la Segunda Guerra Mundial y someterlos a juicio. Si tal procedimiento es moralmente justificable es una cuestión discutible; hay cierta justificación para sostener que Nuremberg fue una farsa política alejada de los principios legales.[186] Sin embargo, si asumimos que *existe* tal justificación legal y moral, entonces seguramente cualquier juicio de este tipo debería aplicarse a *todos*, independientemente de su nacionalidad. ¿Qué debería eximir, por ejemplo, a Franklin D. Roosevelt y Winston Churchill, pero no a Adolf Hitler y Goering? Si el delito es la preparación para la guerra, y no la venganza ciega, entonces la justicia debería ser imparcial.

Las directivas preparadas por el Consejo de Control de Estados Unidos en Alemania para el arresto y detención de criminales de guerra se refieren a "nazis" y "simpatizantes nazis", no a "alemanes". Los extractos pertinentes son los siguientes:

*a. Buscará, detendrá y retendrá, a la espera de recibir nuevas instrucciones sobre su disposición, a Adolfo Hitler, a sus principales asociados nazis, a otros criminales de guerra y a todas las personas que hayan participado en la planificación o ejecución de empresas nazis que impliquen o den lugar a atrocidades o crímenes de guerra.*

A continuación sigue una lista de las categorías de personas que deben ser detenidas, entre ellas:

*(8) Nazis y simpatizantes nazis que ocupan puestos importantes y clave en (a) organizaciones cívicas y económicas nacionales y de la Gau; (b ) corporaciones y otras organizaciones en las que el gobierno tiene un interés financiero importante; (c) industria, comercio, agricultura y finanzas; (d) educación; (e) poder judicial; y (f) prensa, editoriales y otras agencias de difusión de noticias y propaganda.*

Los principales industriales y financieros estadounidenses nombrados en este libro están incluidos en las categorías enumeradas anteriormente. Henry Ford y Edsel Ford aportaron

---

[186] *El lector debería examinar el ensayo "The Return to War Crimes", en James J. Martin, Revisionist Viewpoints, (Colorado: Ralph Mules, 1971).*

dinero a Hitler y se beneficiaron de la producción alemana en tiempos de guerra, respectivamente. Standard Oil de Nueva Jersey, General Electric, General Motors e I.T.T. hicieron sin duda contribuciones financieras o técnicas que constituyen indicios *razonables* de "participación en la planificación o realización de empresas nazis".

Hay, en resumen, pruebas que sugieren:

(a) cooperación con la Wehrmacht (Ford Motor Company, Chase Bank, Morgan Bank);

(b) ayuda al Plan Cuatrienal nazi y movilización económica para la guerra (Standard Oil of New Jersey);

(c) crear y equipar la maquinaria de guerra nazi (I.T.T.);

(d) almacenamiento de materiales críticos para los nazis (Ethyl Corporation);

(e) debilitar a los enemigos potenciales de los nazis (I.G. Farben americana); y,

(f) realización de actividades de propaganda, inteligencia y espionaje (la estadounidense I.G. Farben y el hombre de relaciones públicas de Rockefeller, Ivy Lee).

Como mínimo, existen pruebas suficientes para exigir una investigación exhaustiva e imparcial. Sin embargo, como hemos señalado anteriormente, estas mismas empresas y financieros fueron prominentes en la elección de Roosevelt en 1933 y, en consecuencia, tenían suficiente influencia política para aplastar las amenazas de investigación. Extractos del diario de Morgenthau demuestran que el poder político de Wall Street era suficiente incluso para controlar el nombramiento de los funcionarios responsables de la desnazificación y eventual gobierno de la Alemania de posguerra en.

¿Sabían estas empresas estadounidenses de su ayuda a la maquinaria militar de Hitler? Según las propias empresas, rotundamente no. Afirman ser inocentes de cualquier intención de ayudar a la Alemania de Hitler. Testigo de ello es un telegrama enviado por el presidente de la junta de Standard Oil de Nueva Jersey al Secretario de Guerra Patterson después de la Segunda Guerra Mundial, cuando la investigación preliminar de la ayuda de Wall Street estaba en curso:

> *Durante todo el periodo en que mantuvimos contactos comerciales, no tuvimos ni idea del papel connivente de Farben en la brutal política de Hitler, Ofrecemos toda la ayuda que podamos prestar para que se saque a la luz toda la verdad y se haga justicia con todo rigor.*
>
> *F.W. Abrams, Presidente del Consejo de Administración*

Desgraciadamente, las pruebas presentadas son contrarias a las afirmaciones telegráficas de Abrams. La Standard Oil de Nueva Jersey no sólo ayudó a la maquinaria bélica de Hitler, sino que tenía conocimiento de esta ayuda. Emil Helfferich, presidente del consejo de administración de una filial de Standard of New Jersey, era miembro del Círculo Keppler *antes de que* Hitler llegara al poder; continuó haciendo contribuciones financieras al Círculo de Himmler hasta 1944.

En consecuencia, no es en absoluto difícil visualizar por qué los industriales nazis estaban desconcertados por la *"investigación"* y asumieron al final de la guerra que sus amigos de Wall Street les sacarían de apuros y les protegerían de la ira de los que habían sufrido. Estas actitudes fueron presentadas al Comité Kilgore en 1946:

> *También le interesará saber, Sr. Presidente, que los altos cargos de I.G. Farben y otros, cuando les interrogamos sobre estas actividades, se mostraron a veces muy indignados. Su actitud general y sus expectativas eran que la guerra había terminado y que ahora debíamos*

*ayudarles a recuperar I.G. Farben y la industria alemana. Algunos de ellos han dicho en que este interrogatorio e investigación era, en su opinión, sólo un fenómeno de corta duración, porque tan pronto como las cosas se calmaran un poco esperarían que sus amigos de Estados Unidos e Inglaterra vinieran. Sus amigos, según ellos, pondrían fin a actividades como estas investigaciones y se encargarían de que recibieran el trato que consideraban adecuado y de que se les prestara asistencia para ayudarles a restablecer su industria.*[187]

---

[187] *Eliminación de los recursos alemanes*, p. 652.

# Capítulo XII

# Conclusiones

Hemos demostrado con pruebas documentales una serie de asociaciones críticas entre los banqueros internacionales de Wall Street y el ascenso de Hitler y el nazismo en Alemania.

Primero: que Wall Street financió a los cárteles alemanes a mediados de la década de 1920, que a su vez procedieron a llevar a Hitler al poder.

Segundo: que la financiación de Hitler y sus matones callejeros de las S.S. provino en parte de filiales o subsidiarias de empresas estadounidenses, incluyendo a Henry Ford en 1922, pagos de I.G. Farben y General Electric en 1933, seguidos de los pagos de la Standard Oil de Nueva Jersey y subsidiarias de I.T.T. a Heinrich Himmler hasta 1944.

Tercero: que las multinacionales estadounidenses bajo el control de Wall Street se beneficiaron generosamente del programa de construcción militar de Hitler en la década de 1930 y al menos hasta 1942.

Cuarto: que estos mismos banqueros internacionales utilizaron la influencia política en Estados Unidos para encubrir su colaboración en tiempos de guerra y para ello se infiltraron en la Comisión de Control de Estados Unidos para Alemania.

Nuestras pruebas de estas cuatro afirmaciones principales pueden resumirse como sigue:

En el Capítulo Uno presentamos pruebas de que los Planes Dawes y Young para las reparaciones alemanas fueron formulados por gente de Wall Street, vistiendo temporalmente sombreros de estadistas, y estos préstamos generaron una lluvia de beneficios para estos banqueros internacionales. Owen Young, de General Electric, Hjalmar Schacht, A. Voegler y otros íntimamente relacionados con la llegada de Hitler al poder habían sido anteriormente los negociadores de las partes estadounidense y alemana, respectivamente. Tres casas de Wall Street -Dillon, Read; Harris, Forbes; y, National City Company- manejaron tres cuartas partes de los préstamos de reparaciones utilizados para crear el sistema de cárteles alemanes, incluyendo las dominantes I.G. Farben y Vereinigte Stahlwerke, que juntas produjeron el 95 por ciento de los explosivos para el bando nazi en la Segunda Guerra Mundial.

El papel central de I.G. Farben en el *golpe de Estado* de Hitler se revisó en el capítulo dos. Los directores de American I.G. (Farben) fueron identificados como prominentes hombres de negocios americanos: Walter Teagle, asociado y partidario de Roosevelt y administrador de la NRA; el banquero Paul Warburg (su hermano Max Warburg estaba en el consejo de I.G. Farben en Alemania); y Edsel Ford. Farben aportó 400.000 RM directamente a Schacht y Hess para que los utilizaran en las cruciales elecciones de 1933 y, posteriormente, Farben estuvo al frente del desarrollo militar de la Alemania nazi.

Una donación de 60.000 RM fue hecha a Hitler por la General Electric alemana (A.E.G.), que tenía cuatro directores y una participación del 25-30 por ciento de la empresa matriz estadounidense General Electric. Este papel se describió en el Capítulo Tres, y descubrimos que Gerard Swope, un creador del New Deal de Roosevelt (su segmento de la Administración de Recuperación Nacional), junto con Owen Young del Banco de la Reserva Federal de Nueva York y Clark Minor de International General Electric, eran los Wall Streeters dominantes en A.E.G. y la influencia individual más significativa.

Tampoco encontramos pruebas para acusar a la empresa eléctrica alemana Siemens, que *no* estaba bajo el control de Wall Street. En cambio, hay pruebas documentales de que tanto A.E.G. como Osram, las otras unidades de la industria eléctrica alemana -ambas con participación y control estadounidenses- *sí* financiaron a Hitler. De hecho, casi todos los directores de la General Electric alemana apoyaban a Hitler, ya fuera directamente a través de A.E.G. o indirectamente a través de otras empresas alemanas, G.E. completaba su apoyo a Hitler mediante la cooperación técnica con Krupp, destinada a restringir el desarrollo estadounidense del carburo de wolframio, que perjudicó a Estados Unidos en la Segunda Guerra Mundial. Llegamos a la conclusión de que las plantas de A.E.G. en Alemania consiguieron, mediante una maniobra aún desconocida en , evitar los bombardeos de los Aliados.

En el capítulo cuatro se examinó el papel de la Standard Oil de Nueva Jersey (que estaba y está controlada por los intereses de los Rockefeller). Aparentemente, la Standard Oil no financió la llegada de Hitler al poder en 1933 (esa parte del "mito de Sidney Warburg" no está probada). En cambio, Standard Oil de Nueva Jersey realizó pagos hasta 1944 para desarrollar gasolina sintética con fines bélicos en nombre de los nazis y, a través de su filial al cien por cien, al Círculo de Amigos de Heinrich Himmler con fines políticos. El papel de Standard Oil fue la ayuda técnica al desarrollo nazi de caucho sintético y gasolina a través de una empresa de investigación estadounidense bajo el control de gestión de Standard Oil. La Ethyl Gasoline Company, propiedad conjunta de Standard Oil de Nueva Jersey y General Motors, desempeñó un papel decisivo en el suministro de plomo etílico vital para la Alemania nazi -a pesar de las protestas por escrito del Departamento de Guerra de Estados Unidos- con el claro conocimiento de que el plomo etílico era para fines militares nazis.

En el capítulo cinco demostramos que International Telephone and Telegraph Company, una de las multinacionales más notorias, trabajó en ambos bandos de la Segunda Guerra Mundial a través del barón Kurt von Schroder, del grupo bancario Schroder. I.T.T. también poseía una participación del 28% en Focke-Wolfe, que fabricaba excelentes aviones de combate alemanes. También descubrimos que Texaco (Texas Oil Company) estaba implicada en actividades nazis a través del abogado alemán Westrick, pero abandonó a su presidente del consejo de administración Rieber cuando estas actividades se hicieron públicas.

Henry Ford fue uno de los primeros (1922) en apoyar a Hitler y Edsel Ford continuó la tradición familiar en 1942 animando a la Ford francesa a beneficiarse del armamento de la Wehrmacht alemana. Posteriormente, estos vehículos producidos por Ford se utilizaron contra los soldados estadounidenses que desembarcaban en Francia en 1944. Por su temprano reconocimiento y oportuna ayuda a los nazis, Henry Ford recibió una medalla nazi en 1938. Los registros de la Ford francesa sugieren que Ford Motor recibió un trato de guante de seda por parte de los nazis después de 1940.

Los hilos demostrables de la financiación de Hitler se unen en Capítulo Siete y responden con nombres y cifras precisas a la pregunta ¿quién financió a Adolf Hitler? En este capítulo se acusa a Wall Street y, por cierto, a nadie más importante en Estados Unidos, excepto a la familia Ford. Normalmente no se asocia a la familia Ford con Wall Street, pero sin duda forma parte de la "élite del poder".

En capítulos anteriores citamos a varios socios de Roosevelt, entre ellos Teagle de Standard Oil, la familia Warburg y Gerard Swope. En el capítulo ocho se describe el papel de Putzi Hanfstaengl, otro amigo de Roosevelt y participante en el incendio del Reichstag. En el capítulo nueve se describe la composición del círculo íntimo nazi durante la Segunda Guerra Mundial y las contribuciones financieras de Standard Oil of New Jersey y de las filiales de I.T.T.. Se presentan pruebas documentales de estas contribuciones monetarias. Kurt yon Schrader es identificado como el intermediario clave en este "fondo para sobornos" de las S.S.

Finalmente, en el Capítulo Diez revisamos un libro suprimido en 1934 y el "mito de 'Sidney Warburg'". El libro suprimido acusaba a los Rockefeller, a los Warburg y a las principales compañías petroleras de financiar a Hitler. Aunque el nombre "Sidney Warburg" fue sin duda una invención, el hecho extraordinario sigue siendo que el argumento del libro suprimido "Sidney Warburg" es notablemente parecido a las pruebas presentadas ahora. También sigue siendo un enigma por qué James Paul Warburg, quince años más tarde, querría intentar, de una manera bastante transparente, refutar el contenido del libro "Warburg", un libro que afirma no haber visto. Quizá sea aún más desconcertante que Warburg eligiera *las Memorias* del nazi von Papen como vehículo para presentar su refutación.

Por último, en el capítulo once examinamos el papel de los bancos Morgan y Chase en la Segunda Guerra Mundial, concretamente su colaboración con los nazis en Francia mientras se libraba una gran guerra.

En otras palabras, al igual que en nuestros dos exámenes anteriores de los vínculos entre los banqueros internacionales de Nueva York y los principales acontecimientos históricos, encontramos un patrón demostrable de subvención y manipulación política.

## La omnipresente influencia de los banqueros internacionales

Observando el amplio abanico de hechos presentados en los tres volúmenes de la serie Wall Street, encontramos una recurrencia persistente de los mismos nombres: Owen Young, Gerard Swope, Hjalmar Schacht, Bernard Baruch, *etc.*; los mismos bancos internacionales: J.P. Morgan, Guaranty Trust, Chase Bank; y la misma ubicación en Nueva York: normalmente el 120 de Broadway.

Este grupo de banqueros internacionales respaldó la Revolución Bolchevique y posteriormente se benefició del establecimiento de una Rusia soviética. Este grupo apoyó a Roosevelt y se benefició del socialismo del New Deal. Este grupo también apoyó a Hitler y sin duda se benefició del armamento alemán en la década de 1930. Cuando las grandes empresas deberían haber estado dirigiendo sus operaciones comerciales en Ford Motor, Standard of New Jersey, etc., las encontramos activa y profundamente implicadas en agitaciones políticas, guerras y revoluciones en tres grandes países.

La versión de la historia que se presenta aquí es que la élite financiera ayudó a sabiendas y con premeditación a la Revolución

Bolchevique de 1917 en concierto con los banqueros alemanes. Después de beneficiarse generosamente de la angustia hiperinflacionaria alemana de 1923, y de planear hacer recaer la carga de las reparaciones alemanas sobre las espaldas de los inversores estadounidenses, Wall Street descubrió que había provocado la crisis financiera de 1929.

Dos hombres fueron respaldados entonces como líderes de los principales países occidentales: Franklin D. Roosevelt en Estados Unidos y Adolf Hitler en Alemania. El New Deal de Roosevelt y el Plan Cuatrienal de Hitler tenían grandes similitudes. Los planes de Roosevelt y Hitler eran planes para la toma fascista de sus respectivos países. Mientras que el Nuevo Trato de Roosevelt fracasó, debido a las limitaciones constitucionales vigentes entonces, el Plan de Hitler tuvo éxito.

¿Por qué la élite de Wall Street, los banqueros internacionales, querían a Roosevelt y Hitler en el poder? Este es un aspecto que no hemos explorado. Según el "mito de 'Sidney Warburg'", Wall Street quería una política de venganza; es decir, quería la guerra en Europa entre Francia y Alemania. Sabemos incluso por la historia del Establishment que tanto Hitler como Roosevelt llevaron a cabo políticas que condujeron a la guerra.

Los vínculos entre las personas y los acontecimientos de esta serie de tres libros requerirían otro libro. Pero un solo ejemplo indicará quizá la notable concentración de poder en un número relativamente reducido de organizaciones, y el uso que se hace de este poder.

El 1 de mayo de 1918, cuando los bolcheviques controlaban sólo una pequeña fracción de Rusia (y estaban a punto de perder incluso esa fracción en el verano de 1918), se organizó en Washington D.C. la Liga Estadounidense de Ayuda y Cooperación con Rusia para apoyar a los bolcheviques. No se trataba de un comité del tipo "Manos fuera de Rusia" formado por el Partido Comunista de Estados Unidos o sus aliados. Era un comité *creado por Wall Street* con George P. Whalen de Vacuum Oil Company como tesorero y Coffin y Oudin de General Electric, junto con Thompson del Sistema de la Reserva Federal, Willard del Ferrocarril Baltimore &

Ohio, y socialistas variados.

Cuando observamos el ascenso de Hitler y el nazismo encontramos a Vacuum Oil y General Electric bien representadas. Al embajador Dodd en Alemania le llamó la atención la contribución monetaria y técnica de la Vacuum Oil Company, controlada por Rockefeller, en la construcción de instalaciones militares de gasolina para los nazis. El embajador intentó advertir a Roosevelt. Dodd creía, en su aparente ingenuidad sobre los asuntos mundiales, que Roosevelt intervendría, pero el propio Roosevelt estaba respaldado por esos mismos intereses petroleros y Walter Teagle, de Standard Oil de Nueva Jersey y de la NRA, formaba parte del consejo de la Warm Springs Foundation de Roosevelt. Así, en uno de los muchos ejemplos, encontramos que la Vacuum Oil Company, controlada por Rockefeller, ayudó de forma destacada a la creación de la Rusia bolchevique, al fortalecimiento militar de la Alemania nazi y respaldó el New Deal de Roosevelt.

**¿Está Estados Unidos gobernado por una élite dictatorial?**

En la última década aproximadamente, y sin duda desde los años sesenta, un flujo constante de literatura ha presentado la tesis de que Estados Unidos está gobernado por una élite de poder autoperpetuada y no elegida. Más aún, la mayoría de estos libros afirman que esta élite controla, o al menos influye en gran medida, todas las decisiones de política exterior e interior, y que ninguna idea llega a ser respetable o se publica en Estados Unidos sin la aprobación tácita, o quizá la falta de desaprobación, de este círculo elitista.

Obviamente, el propio flujo de literatura antisistema atestigua por sí mismo que Estados Unidos no puede estar totalmente bajo el control de un único grupo o élite. Por otra parte, la literatura antisistema no goza de pleno reconocimiento ni es objeto de un debate razonable en los círculos académicos o mediáticos. La mayoría de las veces se trata de una edición limitada, de producción privada, que circula casi mano a mano. *Hay algunas* excepciones, es cierto; pero no las suficientes como para rebatir la observación de que los críticos antisistema no entran fácilmente en los canales normales de información/distribución.

Mientras que a principios y mediados de la década de 1960, cualquier concepto de gobierno por parte de una élite conspirativa, o de hecho cualquier tipo de élite, era motivo suficiente para descartar de plano a quien lo propusiera como un "chiflado", el ambiente para tales conceptos ha cambiado radicalmente. El caso Watergate probablemente añadió los toques finales a un ambiente de escepticismo y duda que venía desarrollándose desde hacía tiempo. Estamos casi en el punto en que cualquiera que acepte, por ejemplo, el informe de la Comisión Warren, o crea que el declive y caída del Sr. Nixon no tuvo algunos aspectos conspirativos, es sospechoso. En resumen, ya nadie cree realmente en el proceso de información del establishment. Y hay una amplia variedad de presentaciones alternativas de los acontecimientos ahora disponibles para los curiosos.

Varios cientos de libros, de todo el espectro político y filosófico, añaden pruebas, más hipótesis y más acusaciones. Lo que no hace mucho era una idea descabellada, de la que se hablaba a medianoche a puerta cerrada, en susurros casi conspirativos, ahora se debate abiertamente, no en los periódicos del establishment, pero sí en tertulias radiofónicas fuera de la red, en la prensa underground e incluso, de vez en cuando, en libros de editoriales respetables del establishment.

Así que hagamos la pregunta de nuevo: ¿Existe una élite de poder no elegida detrás del Gobierno de EE.UU.?

Una fuente de información importante y citada a menudo es Carroll Quigley, catedrático de Relaciones Internacionales de la Universidad de Georgetown, que en 1966 publicó una monumental historia moderna titulada *Tragedy and Hope (Tragedia y esperanza)*.[188] El libro de Quigley se distingue de otros en esta línea revisionista por el hecho de que se basaba en un estudio de dos años

---

[188] Carroll Quigley, *Tragedia y esperanza, op. cit.*

de los documentos internos de uno de los centros de poder. Quigley traza la historia de la élite del poder:

> ... *los poderes del capitalismo financiero tenían otro objetivo de largo alcance, nada menos que crear un sistema mundial de control financiero en manos privadas capaz de dominar el sistema político de cada país y la economía del mundo en su conjunto.*

Quigley también demuestra que el Consejo de Relaciones Exteriores, la Asociación Nacional de Planificación y otros grupos son organismos "semisecretos" de elaboración de políticas bajo el control de esta élite de poder.

En la siguiente presentación tabular hemos enumerado cinco de esos libros revisionistas, incluido el de Quigley. Se resumen sus tesis esenciales y su compatibilidad con los tres volúmenes de la serie "Wall Street". Resulta sorprendente que en los tres grandes acontecimientos históricos señalados, Carroll Quigley no sea en absoluto coherente con las pruebas de la serie "Wall Street". Quigley aporta muchas pruebas de la *existencia de* la élite del poder, pero no penetra en las *operaciones* de la élite.

Posiblemente, los papeles utilizados por Quigley habían sido examinados y no incluían documentación sobre la manipulación elitista de acontecimientos como la Revolución bolchevique, la llegada de Hitler al poder y la elección de Roosevelt en 1933. Lo más probable es que estas manipulaciones políticas no quedaran registradas en absoluto en los archivos de los grupos de poder. Pueden haber sido acciones no registradas de un pequeño segmento *ad hoc* de la élite. Cabe destacar que los documentos utilizados por este autor proceden de fuentes gubernamentales, que registran las acciones cotidianas de Trotsky, Lenin, Roosevelt, Hitler, J.P. Morgan y las diversas empresas y bancos implicados.

Por otra parte, autores como Jules Archer, Gary Allen, Helen P. Lasell y William Domhoff, que escriben desde puntos de vista políticos muy diferentes[189] son coherentes con las pruebas de "Wall Street". Estos escritores presentan la hipótesis de una élite de poder que manipula al Gobierno de Estados Unidos. La serie "Wall Street" demuestra cómo esta hipotética "élite del poder" ha manipulado acontecimientos históricos concretos.

Obviamente, cualquier ejercicio de poder ilimitado y supralegal de este tipo es inconstitucional, aunque esté envuelto en el tejido de acciones respetuosas con la ley. Por lo tanto, podemos plantear legítimamente la cuestión de la existencia de una fuerza subversiva que opera para eliminar los derechos constitucionalmente garantizados.

## La élite neoyorquina como fuerza subversiva

La historia del siglo XX, tal y como se recoge en los libros de texto y las revistas del establishment, es inexacta. Es una historia que se basa únicamente en los documentos oficiales que las distintas administraciones han tenido a bien hacer públicos.

Tabla: ¿SON COHERENTES LAS PRUEBAS DE LA SERIE "WALL STREET" CON LOS ARGUMENTOS REVISIONISTAS AFINES PRESENTADOS EN OTROS LUGARES?

(1) Nueva York: MacMillan, 1966.

(2) Nueva York: Hawthorn, 1973.

(3) Seal Beach: Concord Press, 1971.

(4) Nueva York: Liberty, 1963.

(5) Nueva Jersey: Prentice Hall, 1967.

---

[189] Hay muchos otros; el autor seleccionó más o menos al azar dos conservadores (Allen y Lasell) y dos liberales (Archer y Domhoff).

| Tesis esencial: | ¿Es la Tesis Consistente con: | | |
| --- | --- | --- | --- |
| | (1) Wall Street y la Revolución Bolchevique | (2) Wall Street y FDR | (3) Wall Street y el ascenso de Hitler |
| El "semisecreto" Eastern Establishment y los interbloques tienen un papel dominante en la planificación y la política de EE.UU. | Quigley no incluye pruebas de Wall Street en la revolución bolchevique (pp. 385-9) | No: El argumento de Quigley es totalmente incoherente con lo anterior (ver p. 533) | El relato de Quigley sobre el ascenso de Hitler (pp. 529-33) no incluye pruebas de la implicación del establishment. |
| En 1933-4 hubo una conspiración de Wall Street para destituir a FDR e instalar una dictadura fascista en Estados Unidos. | No es relevante, pero los elementos de Wall Street citados por Archer participaron en la revolución bolchevique. | Sí: en general las pruebas de Archer son coherentes, salvo que el papel de FDR se interpreta de forma... | Las partes de Archer que tratan de Hitler y el nazismo concuerdan con lo anterior. |
| Existe una conspiración secreta (el Consejo de Relaciones Exteriores) para instalar una dictadura en EE.UU. y, en última instancia, controlar el mundo. | Sí, salvo pequeñas variaciones en la financiación. | No está incluido en Allen pero es coherente. | No está incluido en Allen pero es coherente. |
| El Consejo de Relaciones Exteriores es una organización secreta subversiva dedicada al derrocamiento del gobierno constitucional de Estados... | Las pruebas de Lasell concuerdan con lo anterior. | Las pruebas de Lasell concuerdan con lo anterior. | Las pruebas de Lasell concuerdan con las anteriores |
| Existe una "élite del poder" que controla todos los grandes bancos, corporaciones, fundaciones, el poder ejecutivo y las agencias reguladoras del gobierno estadounidense. | La serie anterior amplía el argumento de Domhoff a la política exterior. | La serie anterior amplía el argumento de Domhoff a las elecciones presidenciales. | La serie anterior extiende el argumento de Domhoff a la política exterior. |

| Autor y título: | Carroll QUIGLEY: Tragedia y esperanza (1) Establecimiento "semisecreto" del Este | Jules ARCHER: Complot para tomar la Casa Blanca (2) | Gary ALLEN: Nadie se atreve a llamarlo conspiración (3) | Helen P. LASELL: El poder detrás del Gobierno hoy (4) | William DOMHOFF: ¿Quién gobierna América? (5) |
|---|---|---|---|---|---|

Pero una historia exacta no puede basarse en una divulgación selectiva de los archivos documentales. La exactitud requiere el acceso a todos los documentos. En la práctica, a medida que se han ido adquiriendo documentos previamente clasificados en los archivos del Departamento de Estado de Estados Unidos, el Ministerio de Asuntos Exteriores británico y los archivos del Ministerio de Asuntos Exteriores alemán, entre otros depósitos, ha surgido una nueva versión de la historia; la versión predominante del establishment se ve no sólo como inexacta, sino como diseñada para ocultar una trama omnipresente de engaño y conducta inmoral.

El centro del poder político, según autoriza la Constitución de EE.UU., está en un Congreso y un Presidente elegidos, que trabajan en el marco y bajo las limitaciones de una Constitución, interpretada por un Tribunal Supremo imparcial. En el pasado hemos *asumido* que el poder político es ejercido, en consecuencia, cuidadosamente por los poderes Ejecutivo y Legislativo, tras la debida deliberación y evaluación de los deseos del electorado. De hecho, nada podría estar más lejos de esta suposición. El electorado ha sospechado durante mucho tiempo, pero ahora lo sabe, que las promesas políticas no valen nada. Las mentiras están a la orden del día para los responsables políticos. Las guerras se inician (y se detienen) sin ninguna explicación coherente. Las palabras políticas nunca se han correspondido con los hechos políticos. ¿Por qué? Aparentemente porque el centro del poder político ha estado en otra parte que en los representantes elegidos y presumiblemente receptivos de Washington, y esta élite del poder tiene sus propios objetivos, que son incoherentes con los del público en general.

En esta serie de tres volúmenes hemos identificado para tres acontecimientos históricos la sede del poder político en Estados

Unidos -el poder entre bastidores, la influencia oculta en Washington- como la de la clase dirigente financiera de Nueva York: los banqueros internacionales privados, más concretamente las casas financieras de J.P. Morgan, el Chase Manhattan Bank controlado por Rockefeller y, en épocas anteriores (antes de la fusión de su Manhattan Bank con el antiguo Chase Bank), los Warburg.

A pesar de la Constitución y sus supuestas limitaciones, Estados Unidos se ha convertido en un Estado casi totalitario. Aunque (todavía) no tenemos los signos evidentes de la dictadura, los campos de concentración y las llamadas a la puerta a medianoche, sí tenemos amenazas y acciones dirigidas a la supervivencia de los críticos que no pertenecen al establishment, el uso del Servicio de Impuestos Internos para alinear a los disidentes y la manipulación de la Constitución por un sistema judicial políticamente subordinado al establishment.

Centralizar el poder político redunda en el interés pecuniario de los banqueros internacionales, y esta centralización puede lograrse mejor dentro de una sociedad colectivista, como la Rusia socialista, la Alemania nacionalsocialista o los Estados Unidos socialistas fabianos.

No es posible comprender y apreciar plenamente la política y la política exterior estadounidenses del siglo XX sin darse cuenta de que esta élite financiera monopoliza efectivamente la política de Washington.

En un caso tras otro, la documentación recientemente publicada implica a esta élite y confirma esta hipótesis. Las versiones revisionistas de la entrada de Estados Unidos en la Primera y Segunda Guerras Mundiales, Corea y Vietnam revelan la influencia y los objetivos de esta élite.

Durante la mayor parte del siglo XX, el Sistema de la Reserva Federal, en particular el Banco de la Reserva Federal de Nueva York (que está fuera del control del Congreso, sin auditar ni controlar, con el poder de imprimir dinero y crear crédito a voluntad), ha ejercido un monopolio virtual sobre la dirección de la economía estadounidense. En asuntos exteriores, el Consejo de Relaciones Exteriores, superficialmente un inocente foro de académicos, empresarios y políticos, contiene dentro de su caparazón, quizá desconocido para muchos de sus miembros, un centro de poder que determina unilateralmente la política exterior estadounidense. El principal objetivo de esta política exterior sumergida -y obviamente subversiva- es la adquisición de mercados y poder económico *(beneficios,* si se quiere), para un pequeño grupo de gigantes multinacionales bajo el control virtual de unas pocas casas de inversión bancaria y familias controladoras.

A través de fundaciones controladas por esta élite, la investigación de académicos complacientes y sin carácter, tanto "conservadores" como "liberales", ha sido dirigida hacia canales útiles para los objetivos de la élite, esencialmente para mantener este aparato de poder subversivo y anticonstitucional.

A través de editoriales controladas por esta misma élite financiera se han aplastado libros indeseables y se han promocionado libros útiles; afortunadamente, la edición tiene pocas barreras de entrada y es casi atomísticamente competitiva. Mediante el control de una docena de grandes periódicos, dirigidos por editores que piensan igual, la información pública puede orquestarse casi a voluntad. Ayer, el programa espacial; hoy, una crisis energética o una campaña a favor de la ecología; mañana, una guerra en Oriente Medio o cualquier otra "crisis" fabricada.

El resultado total de esta manipulación de la sociedad por parte de la élite del establishment ha sido cuatro grandes guerras en sesenta años, una deuda nacional paralizante, el abandono de la Constitución, la supresión de la libertad y las oportunidades, y la creación de un enorme abismo de credibilidad entre el hombre de la calle y Washington, D.C. Aunque el dispositivo transparente de dos grandes partidos que pregonan diferencias artificiales, convenciones circenses y el cliché de la "política exterior bipartidista" ya no goza de credibilidad, y la propia élite financiera reconoce que sus políticas carecen de aceptación pública, es obvio que está preparada para actuar por su cuenta sin siquiera un apoyo público nominal.

En resumen, ahora tenemos que considerar y debatir si este establishment elitista con sede en Nueva York es una fuerza subversiva que opera con deliberación y conocimiento para suprimir la Constitución y una sociedad libre. Esa será la tarea que nos espera en la próxima década.

## La verdad revisionista que emerge lentamente

El escenario de este debate y la base de nuestras acusaciones de subversión son las pruebas aportadas por el historiador revisionista. Poco a poco, a lo largo de décadas, libro a libro, casi línea a línea, la verdad de la historia reciente ha ido emergiendo a medida que se publicaban documentos, se investigaban, se analizaban y se situaban dentro de un marco histórico más válido.

Veamos algunos ejemplos. La entrada de Estados Unidos en la Segunda Guerra Mundial fue supuestamente precipitada, según la versión del establishment, por el ataque japonés a Pearl Harbor. Los revisionistas han establecido que Franklin D. Roosevelt y el General Marshall *sabían* del inminente ataque japonés y no hicieron nada para advertir a las autoridades militares de Pearl Harbor.

El establishment quería la guerra con Japón. Posteriormente, el establishment se aseguró de que la investigación del Congreso sobre Pearl Harbor encajara con el encubrimiento de Roosevelt. En palabras de Percy Greaves, principal experto en investigación de la minoría republicana en el Comité Conjunto del Congreso que investigó Pearl Harbor:

> *Nunca se conocerán todos los hechos. La mayoría de las llamadas investigaciones han sido intentos de suprimir, engañar o confundir a quienes buscan la verdad. Desde el principio hasta el final, se han ocultado hechos y expedientes para revelar sólo aquellos elementos de información que benefician a la administración investigada. A los que buscan la verdad se les dice que otros hechos o documentos no pueden revelarse porque están entremezclados en diarios personales, pertenecen a nuestras relaciones con países extranjeros o se ha*

*jurado que no contienen información de valor.*[190]

Pero éste no fue el primer intento de llevar a Estados Unidos a la guerra, ni el último. Los intereses de Morgan, en concierto con Winston Churchill, intentaron llevar a Estados Unidos a la Primera Guerra Mundial ya en 1915 y lo consiguieron en 1917. *Lusitania,* de Colin Thompson, implica al presidente Woodrow Wilson en el hundimiento del *Lusitania,* un dispositivo de horror para generar una reacción pública que llevara a Estados Unidos a la guerra con Alemania. Thompson demuestra que Woodrow Wilson sabía *con cuatro dardos de antelación* que el *Lusitania* transportaba seis millones de cartuchos de munición, además de explosivos, y que, por lo tanto, "los pasajeros que se propusieron navegar en ese buque lo hacían violando la legislación de este país".[191]

La Junta Británica de Investigación bajo Lord Mersey fue *instruida* por el Gobierno Británico "que se considera políticamente conveniente que el Capitán Turner, el capitán del *Lusitania,* sea el más prominentemente culpado por el desastre."

En retrospectiva, dadas las pruebas de Colin Thompson, es más justo atribuir la culpa al presidente Wilson, al "coronel" House, a J.P. Morgan y a Winston Churchill; esta élite conspirativa debería haber sido llevada a juicio por negligencia intencionada, si no por traición. Es mérito eterno de lord Mersey que, tras cumplir con su "deber" siguiendo instrucciones del gobierno de Su Majestad, y echar la culpa al capitán Turner, dimitiera, rechazara sus honorarios y, a partir de esa fecha, se negara a gestionar encargos del gobierno británico. A sus amigos Lord Mersey sólo les decía sobre el caso *Lusitania* que era un "asunto sucio".

Luego, en 1933-4, vino el intento de la firma Morgan de instalar una

---

[190] Percy L. Greaves, Jr., "The Pearl Harbor Investigation", en Harry Elmer Harnes, *Perpetual War for Perpetual Peace,* (Caldwell: Caxton Printers, 1953), p, 13-20.

[191] Colin Simpson, *Lusitania,* (Londres: Longman, 1972), p, 252.

dictadura fascista en Estados Unidos. En palabras de Jules Archer, se planeó *un golpe fa*scista para hacerse con el gobierno y "dirigirlo bajo un dictador en nombre de los banqueros e industriales de Estados Unidos".[192] Una vez más, surgió un único individuo valiente: el general Smedley Darlington Butler, que denunció la conspiración de Wall Street. Y una vez más el Congreso se destaca, en particular los congresistas Dickstein y MacCormack, por su obstinada negativa a hacer algo más que llevar a cabo una simbólica investigación de encubrimiento.

Desde la Segunda Guerra Mundial hemos visto la Guerra de Corea y la Guerra de Vietnam - guerras sin sentido, serpenteantes, sin ganador, costosas en dólares y vidas, sin otro propósito importante que generar contratos de armamento multimillonarios. Ciertamente, estas guerras no se libraron para frenar el comunismo, porque durante cincuenta años el establishment ha estado alimentando y subvencionando a la Unión Soviética, que suministró armamento a los otros bandos en ambas guerras: Corea y Vietnam. Así que nuestra historia revisionista mostrará que Estados Unidos armó directa o indirectamente a ambos bandos al menos en Corea y Vietnam.

En el asesinato del presidente Kennedy, por poner un ejemplo doméstico, es difícil encontrar a alguien que hoy acepte las conclusiones de la Comisión Warren, excepto quizá los miembros de esa Comisión. Sin embargo, las pruebas clave siguen ocultas a los ojos del público durante 50 o 75 años. El asunto Watergate demostró incluso al hombre de la calle que la Casa Blanca puede ser un vicioso nido de intrigas y engaños.

De toda la historia reciente, la historia de la Operación Keelhaul[193] es quizá la más repugnante. La Operación Keelhaul fue la

---

[192] Jules Archer, *The Plot to Seize the White House*, (Nueva York: Hawthorn Book, 1973), p. 202.

[193] Véase Julius Epstein, *Operation Keelhaul*, (Old Greenwich: Devin Adair, 1973).

repatriación forzosa de millones de rusos por orden del Presidente (entonces General) Dwight D. Eisenhower, en violación directa de la Convención de Ginebra de 1929 y de la antigua tradición estadounidense de refugio político. La Operación Keelhaul, que contraviene todas nuestras ideas de decencia elemental y libertad individual, se llevó a cabo bajo las órdenes directas del general Eisenhower y, ahora podemos suponer, formaba parte de un programa de largo alcance para alimentar el colectivismo, ya fuera el comunismo soviético, el nazismo de Hitler o el New Deal de FDR. Sin embargo, hasta la reciente publicación de pruebas documentales por Julius Epstein, cualquiera que se atreviera a sugerir que Eisenhower traicionaría a millones de personas inocentes con fines políticos era atacado con saña y sin piedad.[194]

Lo que esta historia revisionista nos enseña realmente es que nuestra voluntad como ciudadanos individuales de ceder el poder político a una élite le ha costado al mundo aproximadamente doscientos millones de personas asesinadas desde 1820 hasta 1975. Añádase a esa miseria incalculable los campos de concentración, los presos políticos, la supresión y la opresión de quienes intentan sacar a la luz la verdad.

¿Cuándo acabará todo esto? No se detendrá hasta que actuemos según un simple axioma: que el sistema de poder continúa sólo mientras *los individuos* quieran que continúe, y continuará sólo mientras *los individuos* intenten obtener algo a cambio de nada. El día en que una mayoría de individuos declare o actúe como si no quisiera nada del gobierno, declare que velará por su propio bienestar e intereses, *ese día* las élites del poder estarán condenadas. La atracción para "seguir la corriente" de las élites del poder es la atracción de algo a cambio de nada. Ese es el cebo. El establishment siempre ofrece algo a cambio de nada; pero el algo se toma de otra persona, en forma de impuestos o saqueo, y se adjudica en otro lugar a cambio de apoyo político.

---

[194] Véase, por ejemplo, Robert Welch, *The Politician*, (Belmont, Mass.: Belmont Publishing Co., 1963).

Las crisis periódicas y las guerras se utilizan para estimular el apoyo a otros ciclos de saqueo-recompensa que, en efecto, aprietan el nudo alrededor de nuestras libertades individuales. Y, por supuesto, tenemos hordas de esponjas académicas, empresarios amorales y simples parásitos que actúan como receptores no productivos del saqueo en.

Detén el círculo de saqueo y recompensa inmoral y las estructuras elitistas se derrumbarán. Pero hasta que una mayoría no encuentre el coraje moral y la fortaleza interna para rechazar el juego de la estafa del "algo por nada" y sustituirlo por asociaciones voluntarias, comunas voluntarias o sociedades descentralizadas y gobernadas localmente, no cesarán la matanza y el saqueo.

# Apéndice A

## Programa del Partido Nacionalsocialista Obrero Alemán

Nota: Este programa es importante porque demuestra que la naturaleza del nazismo era conocida públicamente ya en 1920.

**EL PROGRAMA**

El programa del Partido Obrero Alemán tiene una duración limitada. Los dirigentes no tienen la intención, una vez alcanzados los objetivos anunciados en él, de establecer otros nuevos, simplemente para aumentar artificialmente el descontento de las masas y asegurar así la existencia continuada del Partido.

1. Exigimos la unión de todos los alemanes para formar una Gran Alemania sobre la base del derecho a la autodeterminación de que gozan las naciones.

2. Exigimos la igualdad de derechos del pueblo alemán en sus relaciones con otras naciones y la abolición de los Tratados de Paz de Versalles y St.

3. Exigimos tierra y territorio (colonias) para la alimentación de nuestro pueblo y para asentar a nuestra población superflua.

4. Sólo los miembros de la nación pueden ser ciudadanos del Estado. Sólo pueden ser miembros de la nación los de sangre alemana, cualquiera que sea su credo. Ningún judío, por tanto, puede ser miembro de la nación.

5. Quien no sea ciudadano del Estado sólo puede vivir en Alemania

como invitado y debe considerarse sujeto a las leyes extranjeras.

6. El derecho a votar sobre el gobierno y la legislación del Estado debe ser disfrutado únicamente por los ciudadanos del Estado. Exigimos, por tanto, que todos los nombramientos oficiales, sean del tipo que sean, ya sea en el Reich, en el país o en las localidades más pequeñas, se concedan únicamente a ciudadanos del Estado.

7. Nos oponemos a la costumbre corruptora del Parlamento de cubrir los puestos únicamente en función de consideraciones partidistas y sin tener en cuenta el carácter o la capacidad.

8. Exigimos que el Estado haga de la promoción de la industria y el sustento de los ciudadanos del Estado su primer deber. Si no es posible alimentar a toda la población del Estado, los extranjeros (no ciudadanos del Estado) deben ser excluidos del Reich. Debe impedirse toda inmigración no alemana. Exigimos que todos los no alemanes que entraron en Alemania después del 2 de agosto de 1914 sean obligados inmediatamente a abandonar el Reich.

9. Todos los ciudadanos del Estado son iguales en derechos y deberes.

10. El primer deber de cada ciudadano del Estado debe ser trabajar con su mente o con su cuerpo. Las actividades del individuo no pueden chocar con los intereses del conjunto, sino que deben proceder dentro del marco de la comunidad y ser para el bien general.

Exigimos, por tanto:

11. Supresión de las rentas no obtenidas por el trabajo.

## ABOLICIÓN DE LA ESCLAVITUD DEL INTERÉS

12. En vista del enorme sacrificio de vidas y bienes que cada guerra exige a una nación, el enriquecimiento personal debido a una guerra debe considerarse un crimen contra la nación. Exigimos, por tanto,

la confiscación implacable de todas las ganancias de la guerra,

13. Exigimos la nacionalización de todas las empresas que hasta ahora se han constituido en sociedades (Trusts).

14. Exigimos que se repartan los beneficios del comercio mayorista.

15. Exigimos un amplio desarrollo de la previsión para la vejez.

16. Exigimos la creación y el mantenimiento de una clase media sana, la comunalización inmediata de los locales comerciales al por mayor, y su arrendamiento a un precio barato a los pequeños comerciantes, y que se muestre extrema consideración a todos los pequeños proveedores del Estado, las autoridades de distrito y las localidades más pequeñas.

17. Exigimos una reforma agraria adecuada a nuestras necesidades nacionales, la promulgación de una ley de confiscación sin indemnización de las tierras destinadas a fines comunales, la abolición de los intereses sobre los préstamos de tierras y la prevención de toda especulación con la tierra.

18. Exigimos la persecución implacable de aquellos cuyas actividades son perjudiciales para el interés común. Los sórdidos criminales contra la nación, los usureros, los aprovechados, etc. deben ser castigados con la muerte, cualquiera que sea su credo o raza.

19. Exigimos que el Derecho Romano, que sirve al orden materialista mundial, sea sustituido por un sistema jurídico para toda Alemania.

20. Con el fin de ofrecer a todo alemán capaz e industrioso la posibilidad de cursar estudios superiores y obtener así un ascenso, el Estado debe plantearse una profunda reconstrucción de nuestro sistema nacional de educación. El plan de estudios de todos los centros de enseñanza debe adaptarse a las exigencias de la vida práctica. La comprensión de la idea del Estado (sociología del

Estado) debe ser el objetivo de la escuela, comenzando con los primeros albores de la inteligencia en el alumno. Exigimos el desarrollo de los hijos superdotados de padres pobres, cualquiera que sea su clase u ocupación, a expensas del Estado.

21. El Estado debe velar por elevar el nivel de salud de la nación protegiendo a las madres y a los lactantes, prohibiendo el trabajo infantil, aumentando la eficiencia corporal mediante la gimnasia obligatoria y los deportes establecidos por la ley, y mediante un amplio apoyo a los clubes dedicados al desarrollo corporal de los jóvenes.

22. Exigimos la abolición del ejército asalariado y la formación de un ejército nacional.

23. Exigimos una guerra legal contra la mentira política consciente y su difusión en la Prensa. Exigimos la creación de una prensa nacional alemana:

(a) que todos los directores de periódicos y sus ayudantes, que empleen la lengua alemana, deben ser miembros de la nación;

(b) que será necesaria una autorización especial del Estado para que puedan aparecer periódicos no alemanes. Estos no se imprimen necesariamente en lengua alemana;

(c) que se prohíba por ley a los no alemanes participar financieramente en periódicos alemanes o influir en ellos, y que la sanción por contravención de la ley sea la supresión de cualquiera de esos periódicos y la deportación inmediata del no alemán implicado en ellos.

Debe prohibirse la publicación de periódicos que no contribuyan al bienestar nacional. Exigimos la persecución legal de todas las tendencias en el arte y la literatura que puedan desintegrar nuestra vida como nación, y la supresión de las instituciones que militan contra los requisitos antes mencionados.

24. Exigimos libertad para todas las confesiones religiosas en el Estado, en la medida en que no sean un peligro para él y no militen contra los sentimientos morales de la raza alemana.

El Partido, como tal, defiende el cristianismo positivo, pero no se vincula en materia de credo a ninguna confesión en particular. Combate el espíritu judeomaterialista dentro y fuera de nosotros, y está convencido de que nuestra nación sólo puede alcanzar la salud permanente desde dentro sobre el principio:

**EL INTERÉS COMÚN ANTES QUE EL PROPIO**

25. Para que todo lo anterior pueda realizarse, exigimos la creación de un fuerte poder central del Estado. Autoridad incuestionable del Parlamento políticamente centralizado sobre todo el Reich y su organización; y formación de Cámaras por clases y ocupaciones con el fin de llevar a cabo las leyes generales promulgadas por el Reich en los diversos Estados de la confederación.

Los dirigentes del Partido juran seguir adelante - si es necesario sacrificando sus vidas - para asegurar el cumplimiento de los Puntos precedentes. Munich, 24 de febrero de 1920.

*Fuente:* Traducción oficial al inglés de E. Dugdale, reimpresa de Kurt G, W. Ludecke, *I Knew Hitler* (Nueva York: Charles Scribner's Sons, 1937),

# Apéndice B

## Declaración jurada de Hjalmar Schacht

Yo, Dr. *Hjalmar Schacht, después de haber sido advertido de que seré castigado por hacer declaraciones falsas, declaro por la presente bajo juramento, por mi propia voluntad y sin coacción, lo siguiente:*

*Las cantidades aportadas por los participantes en la reunión del 20 de febrero de 1933 en casa de Goering fueron abonadas por éstos a los banqueros. Delbruck, Schickler & Co., Berlín, en el haber de una cuenta "Nationale Treuhand" (que puede traducirse como Fideicomiso Nacional). Se acordó que yo tenía derecho a disponer de esta cuenta, que administraba en calidad de fideicomisario, y que en caso de mi fallecimiento, o de que la administración fiduciaria se extinguiera de cualquier otro modo, Rudolf Hess tendría derecho a disponer de la cuenta.*

*Dispuse de las cantidades de esta cuenta extendiendo cheques al Sr. Hess. No sé qué hizo realmente el Sr. Hess con el dinero.*

*El 4 de abril de 1933 cerré la cuenta en Delbruck, Schickler & Co. e hice transferir el saldo a la "Cuenta Ic" en el Reichsbank, que figuraba a mi nombre. Más tarde recibí la orden directa de Hitler, autorizado por la asamblea del 20 de febrero de 1933 a disponer de las cantidades cobradas, o a través de Hess, su adjunto, de pagar el saldo de unos 600.000 marcos a Ribbentrop.*

*He leído atentamente esta declaración jurada (una página) y la he firmado. He hecho las correcciones necesarias de mi puño y letra en y he rubricado cada corrección en el margen de la página. Declaro bajo juramento que, a mi leal saber y entender, he dicho toda la verdad.*

*(Firmado) Dr. Hjalmar Schacht*

*12 de agosto de 1947*

En una declaración jurada posterior del 18 de agosto de 1947 (N1-9764, Pros. Ex 54), Schacht declaró lo siguiente en relación con el interrogatorio anterior:

> *"Hice todas las declaraciones que aparecen en este interrogatorio a Clifford Hyanning, investigador financiero de las Fuerzas Americanas por mi propia voluntad y sin coacción. He releído hoy este interrogatorio y puedo afirmar que todos los hechos que contiene son ciertos a mi leal saber y entender. Declaro bajo juramento y he dicho toda la verdad según mi leal saber y entender."*

*Fuente:* Copia del documento Prueba de cargo 55. *Juicios de criminales de guerra ante los Tribunales Militares de Nuremberg en virtud de la Ley núm. 10 del Consejo de Control*, Nuremberg, octubre de 1946-abril de 1949, Volumen VII, I.G. Farben, (Washington: U.S. Government Printing Office, 1952).

# Apéndice C

Anotaciones en la cuenta "National Trusteeship" encontradas en los archivos del Delbruck, Schickler Co. Bank

PRESIDENTE DEL NATIONAL TRUSTEESHIP REICHSBANK
DR. HJALMAR SCHACHT, BERLIN-ZEHLENDORF

| | | | | |
|---|---|---|---|---|
| 23 de febrero | Debibk (Deutsche Bank Diskonto-Gesellschaft) Verein fuer die bergbaulichen Interessen, Essen | | 23 de febrero | 200,000.00 |
| 24 | Transferencia a cuenta Rudolf Hess, actualmente en Berlín | 100,000.00 | 24 | |
| 24 | Karl Herrmann | | 25 | 150,000.00 |
| | Salón del Automóvil de Berlín | | 25 | 100,000.00 |
| 25 | Director A. Steinke | | 27 | 200,000.00 |
| 25 | Demag A.G., Duisberg | | 27 | 50,000.00 |
| 27 | Telefunken Gesellschaft ruer draht lose Telegraphie Berlin | | 28 | 85,000.00 |
| | Osram G.m.b.H., Berlín | | 28 | 40,000.00 |
| 27 | Bayerische Hypotheken-und Wech selbank, sucursal Múnich, Kauflingerstr. A favor de Verlag Franz Eher Nachf, Múnich | 100,000.00 | 28 | |
| 27 | Transferencia a la cuenta Rudolf Hess, Berlín | 100,000.00 | 27 | |
| 28 | I.G. Farbenindustrie A.G. Frankfurt/M | | 1 de marzo | 400,000.00 |
| 28 | Gastos de telégrafo para el traslado a Múnich | 8.00 | 28 de febrero | |
| 1 de marzo | Su pago | | 2 de marzo | 125,000.00 |
| 2 | Transferencia telegráfica al Bayerische Hypotheken-und Wechselbank, sucursal de Múnich, Bayerstr. | | | |

|   |   |   |   |   |
|---|---|---|---|---|
|   | por cuenta Josef Jung | 400,000.00 | 2 |   |
|   | Gastos de transferencia tel. | 23.00 | 2 |   |
|   | Transferencia de cuenta Rudolf Hess | 300,000.00 |   |   |
| 2 | Reembolso del Director Karl Lange, Berlín |   | 3 | 30,000.00 |
| 3 | Reembolso del Dir. Karl Lange, Cuenta "Maschinen-industrie" |   | 4 | 20,000.00 |
|   | Reembolso de Verein ruer die bergbaulichen Interessen, Essen |   | 4 | 100,000.00 |
|   | Reembolso de Karl Herrmann, Berlín, Dessauerstr. 28/9 |   | 4 | 150,000.00 |
|   | Reembolso de Allgemeine Elektrizitaetsgesellschaft, Berlín |   | 4 | 60,000.00 |
| 7 | Reembolso del General-direktor Dr. F. Springorum, Dortmund |   | 8 | 36,000.00 |
| 8 | Transferencia del Reichsbank: Bayerische Hypotheken-und Wechselbank, |   |   |   |
|   | sucursal Kauffingerstr. | 100,000.00 | 8 |   |
|   |   | 1,100,031.00 |   | 1,696,000.00 |
|   |   | 1,100,031.00 | Mar.8 | 1,696,000.00 |
| 8 de marzo | Bayerische Hypotheken-und Wechselbank, Múnich, sucursal Bayerstr. | 100,000.00 | 8 |   |
|   | Transferencia a la cuenta Rudolf Hess | 250,000.00 | 7 |   |
| 10 | Accumulatoren-Fabrik A.G. Berlín |   | 11 | 25,000.00 |

| | | | | |
|---|---|---|---|---|
| 13 | Verein f.d. bergbaulichen Interessen, Essen | | 14 | 300,000.00 |
| 14 | Reembolso Rudolf Hess | 200,000.00 | 14 | |
| 29 | Reembolso Rudolf Hess | 200,000.00 | 29 | |
| 4 de abril | Commerz-und Privatbank Dep. Kasse N. Berlin W.9 Potsdamerstr. 1 f. Especial | | | |
| | Cuenta S 29 | 99,000.00 | 4 de abril | |
| 5 | Intereses según la lista 1 | | | |
| | por ciento | | 5 | 404.50 |
| | Facturas de teléfono | 1.00 | 5 | |
| | Franqueo | 2.50 | 5 | |
| | Saldo | 72,370.00 | 5 | |
| | Saldo prorrogado | 2,021,404.50 | | 2,021,404.50 |
| | | | 5 de abril | 72,370.00 |

# Apéndice D

## Carta del Departamento de Guerra de EE.UU. a Ethyl Corporation

Prueba n°, 144

(Escrito a mano) El Sr. Webb envió copias para otros Directores

Copia para: Sr. Alfred P. Sloan, Jr., General Motors Corp., Nueva York, Sr. Donaldson Brown, General Motors Corp., Nueva York.

15 de diciembre de 1934.

> *Sr. E. W. Webb,*
>
> *Presidente Ethyl Gasoline Corporation, 185 E, 42nd Street, New York City. Estimado Sr. Webb: Aprendí a través de nuestra División de Químicos Orgánicos hoy que la Corporación de Gasolina de Etilo tiene en mente formar una compañía alemana con el I.G. para fabricar el plomo de Etilo en ese país.*
>
> *Acabo de pasar dos semanas en Washington, una parte nada desdeñable de las cuales las he dedicado a criticar el intercambio con empresas extranjeras de conocimientos químicos que podrían tener valor militar. Tal entrega de información por parte de una empresa industrial podría tener las repercusiones más graves sobre ella. La Ethyl Gasoline Corporation no sería una excepción, de hecho, probablemente sería objeto de un ataque especial debido a la propiedad de sus acciones.*
>
> *A primera vista, parece que la cantidad de plomo etil*

utilizado con fines comerciales en Alemania es demasiado pequeña para perseguirla. Se ha afirmado que Alemania se está armando en secreto. El plomo etílico sería sin duda una valiosa ayuda para los aviones militares.

Le escribo para decirle que, en mi opinión, ni usted ni el Consejo de Administración de la Ethyl Gasoline Corporation deben revelar a Alemania bajo ninguna circunstancia ningún secreto o "know how" relacionado con la fabricación de tetraetilo de plomo.

Me informan de que se le comunicará a través de la División de Colorantes la necesidad de revelar la información que ha recibido de Alemania a los funcionarios apropiados del Departamento de Guerra.

Atentamente,

*Fuente:* Senado de los Estados Unidos, Hearings before a Subcommittee of the Committee on Military Affairs, *Scientific and Technical Mobilization,* 78[th]Congress, Second Session, Part 16, (Washington D.C.: Government Printing Office, 1944), p. 939.

# Apéndice E

## Extracto del diario de Morgenthau (Alemania) sobre Sosthenes Behn del I.T.T.

16 de marzo de 1945

11h30

REUNIÓN DE GRUPO

Bretton Woods - I.T. & T. - Reparaciones

Presente:

Sr. White
Sr. Fussell
Sr. Feltus
Sr. Coe
Sr. DuBois
Sra. Klotz

*H.M., Jr.:* Frank, ¿puedes *resumir* este asunto de I.T.&T.?

*Sr. Coe:* Sí, señor. I.T. & T., por cierto, transfirió o consiguió 15 millones de dólares ayer o hace unos días de sus deudas en dólares pagados a ellos por el Gobierno español y que se les permite hacer bajo nuestra licencia general, por lo que está bien. Sin embargo, es en parte en su representación a nosotros, parte de un acuerdo para la venta de la empresa en España, por lo que están tratando de forzar nuestra mano. Ahora, la propuesta que han tenido durante algunos años en diferentes formas ahora toma esta forma. Pueden conseguir el pago de sus deudas en dólares, lo que dicen que no han podido hacer hasta ahora - o bien 15 millones de dólares ahora y 10 millones o 11 millones más tarde. Venderán la empresa a España y recibirán a cambio bonos por valor de 30 millones de dólares -bonos del Gobierno español- que se amortizarán a lo largo de varios años y aproximadamente a razón de 2 millones de dólares anuales, y recibirán el 90% de esas exportaciones para amortizar los bonos más rápidamente, si es que van a exportarla a Estados Unidos.

*H. M. Jr.:* Como el vendedor de fósforos que mencioné en mi discurso.

*Sr. Coe:* Así es. El Gobierno español. Están dispuestos, dicen, a obtener garantías del Gobierno español de que las acciones que el Gobierno español pretende revender no irán a parar a nadie de la lista negra, etcétera. En algunas negociaciones que hemos mantenido con ellos en las últimas semanas, se han mostrado dispuestos a avanzar en este sentido. En primer lugar, que no se puede confiar en Franco, y que si son capaces de vender 50 millones de dólares en acciones de esta empresa en España en el próximo periodo de tiempo, es muy posible que los venda a intereses proalemanes. Parece dudoso que sea capaz de vendérsela a los españoles, así que eso es lo primero. Lo segundo no lo podemos documentar muy bien, pero creo que está más pronunciado en mi mente que en la de los Fondos Exteriores y la gente legal. Tampoco creo que podamos fiarnos de Behn.

*Sr. White:* Estoy seguro de que no puede.

*Sr. Coe*: Tenemos aquí registros de entrevistas, que se remontan muy atrás, que algunos de sus hombres tuvieron con Behn - Klaus fue uno - en el que Behn dijo que había tenido conversaciones con Goering con la propuesta de que Goering iba a mantener la propiedad de I.T. &T. en Alemania, y como usted recuerda, I.T. &T. aquí trató de comprar General Aniline y convertirla en una empresa estadounidense por lo tanto y que era parte del acuerdo que Behn dijo al Estado y a nuestros abogados muy francamente que había discutido. Pensó que era perfectamente correcto proteger la propiedad: Eso fue antes de entrar en la guerra,

*H. M. Jr.:* No lo recuerdo,

*Sr. Coe*: El hombre a cargo de sus propiedades ahora es Westrick que usted recuerda vino aquí y se mezcló con Texaco. Intentaron por todos los medios hacer tratos para escapar. Están vinculados con un grupo alemán, etc. Por otro lado, el coronel Behn ha sido utilizado varias veces como emisario por el Departamento de Estado, y creo que personalmente está en muy buenos términos con Stettinius. Hemos tenido noticias del Estado sobre esta carta diciendo que no tienen objeciones. Le propusimos antes - la carta que le envié sugiriéndole que preguntara al Estado, si en vista de nuestros objetivos de refugio seguro, todavía decían que sí. Estoy seguro de que, tras hablar con ellos por teléfono los últimos dos días, nos contestarán que sí, que siguen pensando que es un buen acuerdo.

*H. M., Jr.:* Esta es la posición en la que me encuentro. Como ustedes saben, estoy sobrecargado de trabajo y no puedo ocuparme personalmente de este asunto, y creo que vamos a tener que dejarlo en manos del Departamento de Estado, y si ellos quieren autorizarlo, de acuerdo. Simplemente no tengo el tiempo o la energía para luchar contra ellos sobre esa base.

*Sr. Coe:* Entonces deberíamos conceder la licencia ahora.

*Sr. White:* Primero debería recibir una carta. Estoy de acuerdo con el Secretario en este punto de vista de que este tipo Behn no es de fiar a la vuelta de la esquina. Hay algo en este trato que parece sospechoso y lo ha sido durante los dos últimos años que hemos tratado con él. Sin embargo, una cosa es creerlo y otra cosa es defenderlo ante la presión que se va a ejercer aquí de que están intentando privar a esta empresa del trato comercial, pero creo que lo que podríamos hacer es conseguir que el Departamento de Estado deje constancia de que, en vista de un proyecto de refugio seguro, no creen que haya ningún peligro de que ninguno de estos activos - citaría a algunos de ellos, deletrearía la carta-. Haz que conste en acta e incluso haz que se asusten un poco y aguanten o al menos habrán tenido constancia y les habrás llamado la atención sobre estos peligros. Ese tal Behn nos odia a muerte. Llevamos al menos 4 años interponiéndonos entre él y los tratos.

*H. M., Jr.:* Sigue lo que dijo White. Algo por el estilo. "Estimado Sr, Stettinius; estoy preocupado por estas cosas debido a los siguientes hechos, y me gustaría que me aconsejara si debemos o no debemos... "

*Sr. White:* "En vista del peligro de que los activos alemanes puedan ser encubiertos aquí, el futuro -" y que vuelva y diga, "No", y lo vigilaremos.

*Sr. Coe:* Dijimos que queríamos darle algo a Acheson el lunes.

*H. M., Jr.:* Y si me lo preparas para mañana por la mañana, lo firmaré. *Sr. Coe:* O.K.

*Fuente:* Senado de los Estados Unidos, Subcommittee to Investigate the Administration of the Internal Security Act. Committee on the Judiciary, *Morgenthau Diary (Alemania)*, Volumen 1, 90º Congreso, 1ª Sesión, 20 de noviembre de 1967, (Washington D.C.: U.S. Government Printing Office, 1967), p. 320 del Libro 828. (Página 976 de la impresión del Senado de Estados Unidos).

*Nota:* "Sr. White" es Harry Dexter White. "Dr. Dubois" es Josiah E. Dubois, Jr. autor del libro *Generals in Grey Suits* (Londres: The Bodley Head, 1953). "H.M., Jr." es Henry Morgenthau, Jr., Secretario del Tesoro.

Este memorándum es importante porque acusa a Sosthenes Behn de intentar hacer tratos entre bastidores en la Alemania nazi "durante 4 años, por lo menos", es *decir,* mientras el resto de Estados Unidos estaba en guerra, Behn y sus amigos seguían haciendo negocios como de costumbre con Alemania. Este memorándum apoya las pruebas presentadas en los capítulos quinto y noveno sobre la influencia de I.T.T. en el círculo íntimo de Himmler y añade a Herman Goering a la lista de contactos de I.T.T..

# Bibliografía seleccionada

Allen, Gary. *None Dare Call It Conspiracy.* Seal Beach, California: Concord Press, 1971.

Ambruster, Howard Watson. *La paz de la traición.* New York: The Beechhurst Press, 1947.

Angebert, Michel. *The Occult and the Third Reich.* New York: The Macmillan Company, 1974.

Archer, Jules. *The Plot to Seize the White House.* Nueva York: Hawthorn Books, 1973.

Baker, Philip Noel. *Hawkers of Death.* The Labour Party, Inglaterra, 1984.

Barnes, Harry Elmer. *Perpetual War for Perpetual Peace.* Caldwell, Idaho: Caxton Printers, 1958.

Bennett, Edward W. *Alemania y la diplomacia de la crisis financiera, 1931.* Cambridge: Harvard University Press, 1962.

*Der Farben-Konzern 1928.* Hoppenstedt, Berlín, 1928.

Dimitrov, George, *El juicio del incendio del Reichstag.* Londres: The Bodley Head, 1984.

Dodd, William E. Jr. y Dodd, Martha. *Diario del embajador Dodd, 1933-1938.* Nueva York: Harcourt Brace and Company, 1941.

Domhoff, G. William. *The Higher Circles: The Governing Class in America.* New York: Vintage, 1970.

Dubois, Josiah E., Jr. *Generals in Grey Suits.* London: The Bodley Head, 1958.

Engelbrecht, H.C. *Mercaderes de la muerte.* New York: Dodd, Mead

& Company, 1984.

Engler, Robert. *La política del petróleo*. New York: The Macmillan Company, 1961.

Epstein, Julius. *Operación Keelhaul*. Old Greenwich: Devin Adair, 1978.

Farago, Ladislas. *El juego de los zorros*. New York: Bantam, 1978.

Flynn, John T. *As We Go Marching*, Nueva York: Doubleday, Doran and Co., Inc., 1944.

Guerin, Daniel. *Fascisme et grand capital*. Paris: François Maspero, 1965.

Hanfstaengl, Ernst. *Testigo inaudito*. New York: J. B. Lippincott, 1957.

Hargrave, John. *Montagu Norman*. New York: The Greystone Press, s.f.

Harris, C.R.S. *El endeudamiento exterior de Alemania*. London: Oxford University Press, 1985.

Helfferich, Dr. Karl. *Progreso económico y riqueza nacional de Alemania, 1888.1913*. New York: Germanistic Society of America, 1914.

Hexner, Ervin. *International Cartels*. Chapel Hill: The University of North Carolina Press, 1945.

Howard, Coronel Graeme K. *América y un nuevo orden gusano*. New York: Scribners, 1940.

Kolko, Gabriel. "American Business and Germany, 1930-1941", *The Western Political Quarterly*, volumen XV, 1962.

Kuezynski, Robert R. *Bankers' Profits from German Loans,*

Washington, D.C.: The Brookings Institution, 1982.

Leonard, Jonathan. *La tragedia de Henry Ford.* New York, G.P. Putnam's Sons, 1932: G.P. Putnam's Sons, 1932.

Ludecke, Kurt G.W. *Yo conocí a Hitler.* New York: Charles Scribner's Sons, 1937.

Magers, Helmut. *Ein Revolutionar Aus Common Sense.* Leipzig: R. Kittler Verlag, 1934.

Martin, James J, *Puntos de vista revisionistas.* Colorado: Ralph Mules, 1971.

Martin, James Stewart. *All Honorable Men,* Boston: Little Brown and Company, 1950.

Muhlen, Norbert. *Schacht: El mago de Hitler.* New York: Longmans, Green and Co., 1939.

Nixon, Edgar B. *Franklin D. Roosevelt and Foreign Affairs.* Cambridge: Belknap Press, 1969.

*Anuario del Petróleo,* 1938.

Papen, Franz yon. *Memorias.* New York: E.P. Dutton & Co., 1953.

Peterson, Edward Norman. *Hjalmar Schacht.* Boston: The Christopher Publishing House, 1954.

Phelps, Reginald H. *"Antes de que llegara Hitler": Thule Society and Germanen Orden,* en *Journal of Modern History,* septiembre, 1963.

Quigley, Carroll, *Tragedia y esperanza.* New York: The Macmillan Company, 1966.

Ravenscroft, Trevor, *La lanza del destino.* New York: G.P. Putnam's Sons, 1973.

Rathenau, Walter. *In Days to Come*. London: Allen & Unwin, s.f.

Roberts, Glyn. *El hombre más poderoso del mundo*. New York: Covici, Friede, 1938.

Sampson, Anthony. *The Sovereign State of I.T.T.* Nueva York: Stein & Day, 1975.

Schacht, Hjalmar. *Confesiones de "El viejo mago"*. Boxton: Houghton Mifflin, 1956.

Schloss, Henry H. *El Banco de Pagos Internacionales*. Amsterdam: North Holland Publishing Company, 1958.

Seldes, George. *Iron, Blood and Profits*. Nueva York y Londres: Harper & Brothers Publishers, 1934.

Simpson, Colin. *Lusitania*. Londres; Longman, 1972.

Smoot, Dan. *The Invisible Government*. Boston: Western. Islands, 1962,

Strasser, Otto. *Hitler and I*. London: Jonathan Cape, s.f.

Sonderegger, René. *Spanischer Sommer*. Affoltern, Suiza: Aehren Verlag, 1948.

Stocking, George W, y Watkins, Myron W. *Los cárteles en acción*. New York: The Twentieth Century Fund, 1946.

Sutton, Antony C. *Suicidio nacional: Military Aid to the Soviet Union*. Nueva York: Arlington House Publishers, 1978.

*Wall Street y la revolución bolchevique*. Nueva York: Arlington House Publishers, 1974.

*Wall Street y FDR*. New York: Arlington House Publishers, 1975.

*Tecnología occidental y desarrollo económico soviético, 1917-1930.*
Stanford, California: Hoover Institution Press, 1968.

*Tecnología occidental y desarrollo económico soviético, 1980-1945.*
Stanford, California: Hoover Institution Press, 1971.

*Tecnología occidental y desarrollo económico soviético, 1945-1965.*
Stanford, California: Hoover Institution Press, 1973.

Sward, Keith. *La leyenda de Henry Ford.* New York: Rinehart & Co., 1948.

Thyssen, Fritz. *Yo pagué a Hitler.* Nueva York: Farrar & Rinehart, Inc., s.f. "Trials of War Criminals Before the Nuremburg Military Tribunals Under Control Council Law No. 10," Volume VIII, I.G. Farben case, Nuremburg, October 1946-April 1949. Washington: Government Printing Of-flee, 1953. United States Army Air Force, Aiming point report No. 1.E.2 of May 29, 1943.

Senado de los Estados Unidos, Audiencias ante el Comité de Finanzas. *Venta de Bonos o Valores Extranjeros en los Estados Unidos.* 72º Congreso, 1ª Sesión, S. Res. 19, Parte 1, 18, 19 y 21 de diciembre de 1931. Washington: Government Printing Office, 1931.

Senado de los Estados Unidos, Audiencias ante un Subcomité del Comité de Asuntos Militares. *Movilización Científica y Técnica.* 78º Congreso, 2ª Sesión, S. Res. 107, Parte 16, 29 de agosto y 7, 8, 12 y 13 de septiembre de 1944. Washington: Government Printing Office, 1944.

Congreso de los Estados Unidos. Cámara de Representantes. *Comité Especial sobre Actividades Antiamericanas e Investigación de Otras Actividades de Propaganda.* 73º Congreso, 2ª Sesión, Audiencias nº 73-DC-4. Washington: Government Printing Office, 1934.

Congreso de los Estados Unidos. Cámara de Representantes. Comité Especial de Actividades Antiamericanas (1934). *Investigación de actividades nazis y otras actividades de propaganda.* 74º Congreso, 1ª Sesión, Informe nº 153. Washington. Washington: Government Printing Office, 1934.

Congreso de los Estados Unidos. Senado. Audiencias ante un Subcomité del Comité de Asuntos Militares. *Eliminación de los Recursos Alemanes para la Guerra*. Informe de conformidad con S. Res. 107 y 146, 2 de julio de 1945, Parte 7. 78° Congreso y 79° Congreso. Washington: Government Printing Office, 1945.

Congreso de los Estados Unidos. Senado. Audiencias ante un Subcomité del Comité de Asuntos Militares. *Movilización Científica y Técnica*. 78° Congreso, 1ª sesión, S. 702, Parte 16, Washington: Government Printing Office, 1944.

Consejo de Control de Grupo de los Estados Unidos (Alemania), Oficina del Director de Inteligencia, Agencia de Información de Campo. Technical Intelligence Report No. EF/ME/1. 4 de septiembre de 1945.

Senado de los Estados Unidos. Subcomité para Investigar la Administración de la Ley de Seguridad Interna, Comité Judicial. *Diario Morgenthau (Alemania)*. Volumen 1, 90° Congreso, 1ª Sesión, 20 de noviembre de 1967. Washington: U.S. Government Printing Office, 1967.

Archivo decimal del Departamento de Estado de los Estados Unidos.

United States Strategic Bombing Survey. *AEG-Ostlandwerke GmbH*, por Whitworth Ferguson. 81 de mayo de 1945.

Encuesta sobre bombardeos estratégicos en Estados Unidos. *Informe sobre la industria alemana de material eléctrico*. División de Equipos, enero de 1947.

United States Strategic Bombing Survey, *Plant Report of A.E.G.* (Allgemeine Elektrizitats Gesellschaft). Nuremberg, Alemania: Junio de 1945.

Zimmerman, Werner. *Liebet Eure Feinde*. Frankhauser Verlag: Thielle-Neuchatel, 1948.

# Otros títulos

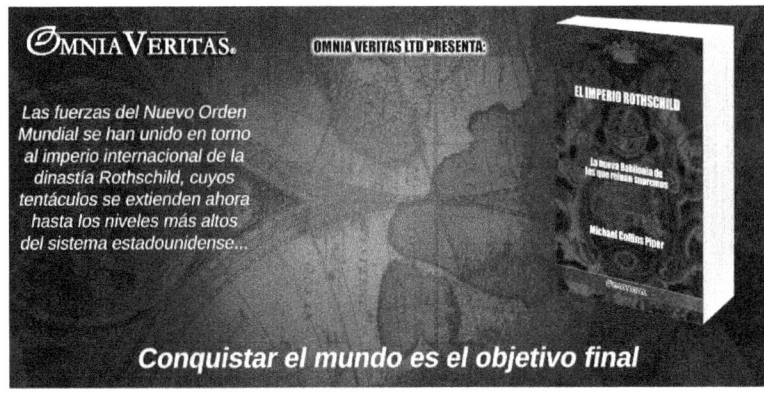

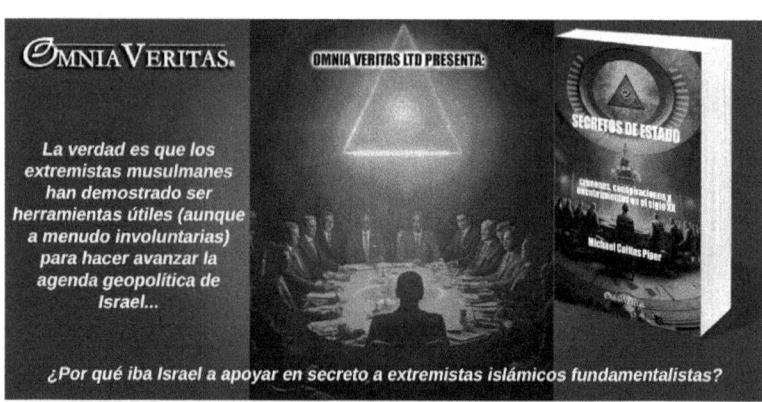

www.ingramcontent.com/pod-product-compliance
Lightning Source LLC
Chambersburg PA
CBHW050138170426
43197CB00011B/1878